LA TÊTE QUI TOURNE
ET LA PAROLE QUI S'EN VA

DU MÊME AUTEUR

Chirac. Un demi-siècle d'archives avec les journalistes du Monde, Chêne-Le Monde, 2016

Les Chirac. Les secrets du clan, Robert Laffont (Prix du livre politique), 2015

Le Rebelle et le Roi, Albin Michel, 2004

BÉATRICE GURREY

LA TÊTE QUI TOURNE ET LA PAROLE QUI S'EN VA

Robert Laffont

Ouvrage édité par Jean-Luc Barré

ISBN 978-2-221-19234-4
Dépôt légal : avril 2018

À ma sœur Nathalie

À mon petit Marek

« Ces paysages d'eau et de reflets
sont devenus une obsession.
C'est au-delà de mes forces de vieillard
et je veux cependant arriver
à rendre ce que je ressens. »

Claude Monet, lettre à Gustave Geffroy
11 août 1908

« Le caractère de l'homme
est son destin. »

Héraclite

I

Terra incognita

Départ

« *Qu'est-ce qu'on déchire ici ?* »...

Elle est allongée sur son lit, avec ses chaussures, tout habillée. Un petit filet de voix pour dire ces mots, les yeux fermés. On ne déchire rien ici, maman. Enfin si, peut-être... Dans la pièce à côté, ma sœur met la vie de nos parents dans des cartons et ce bruit déchirant est celui du gros scotch marron qui se décolle du rouleau avant de sceller une caisse. À chaque fois elle tressaille, imperceptiblement.

Où est passée ma mère ? Qui est cette gisante ? La petite Rital rigolote, avec ses grands yeux de velours marron, son rire qui roucoule, ses roulements de gorge que mes filles imitent à merveille. Lili. Tu charries. Tu t'es mise à sortir la nuit, avec une botte et une pantoufle, deux pulls à l'envers, destination « *la forêt* ». Tu es revenue décorée comme un faune, les cheveux pleins de branchages, de la boue partout et une épaule en marmelade. Tu as dit : « *C'était super.* »

Au total, il y aura assez peu de caisses. Ce n'est pas si grand où vous allez, avec ton mari, notre père. Il est au garage. C'est là qu'on l'a envoyé pour l'instant, avec mon frère, pour qu'il ne se voie pas trop déménager. Et il fallait bien vendre la voiture. Contrôle technique, lavage-bichonnage et adieu la belle Allemande, noir étincelant dehors, douceur cuir crème dedans, des histoires de garçons. Une machine de guerre pour avaler les autoroutes, quelque chose que les filles ne peuvent pas comprendre. Mais si.

Bientôt ce sera le bois dormant ici. Il fera nuit tout le temps, le silence va tomber comme un drap sur les meubles. Dehors, la lumière de la Provence, les trois cyprès, l'olivier qui a jeté toutes ses olives à la face du ciel d'un seul coup, la petite pelouse. Le store métallique va descendre avec un cliquetis régulier, mécanique, implacable. Il fera un noir d'encre.

D'ailleurs, ils ne savaient plus très bien, mes parents, quand pointait le jour, quand venait la nuit. Ils restaient des jours entiers sans voir la lumière. Sans lever le rideau de fer qui les séparait des vivants. Autrefois, sur le tourne-disque, le 33 tours reprenait inlassablement : «*Lai-ssez, lai-ssez, entrer le soleil...*» Julien Clerc et sa troupe étaient invités chez nous tous les jours. *Let the sun shine in... Hair*, cette comédie musicale hippie d'inspiration New Age contre la guerre du Vietnam, qui avait fait scandale auprès de quelques puritains, les avait enthousiasmés. Ils étaient allés la voir en bande, au théâtre de la Porte-Saint-Martin. C'était en 1969, ils avaient trente-sept et trente-huit ans et ils étaient beaux.

Le soupçon

Mon père refuse de penser qu'il est, peut-être, malade. Il est sûr, en revanche, que ma mère l'est. Ma mère pense qu'elle va bien mais que son mari a quelque chose de grave.

Les Français ont appris en 2011 un mot savant, appliqué à leur ancien président de la République, Jacques Chirac, qui ignorait souffrir d'une maladie neurologique dégénérative. Cet état d'inconscience porte un nom tiré du grec, l'anosognosie (de *nosos*, « maladie », *gnosis*, « connaissance »). Il ne m'est pas venu à l'esprit que ce pouvait être le cas de mes parents. J'avais pourtant beaucoup lu sur la question et consulté les meilleurs spécialistes.

Après un été 2013 désastreux, le dernier que j'ai passé avec eux, j'ai appelé leur généraliste. Il s'est montré courtois mais s'est étonné du tableau que je dépeignais, n'ayant pas perçu cette dégradation. Mes parents mimaient avec beaucoup de conviction ce qu'ils avaient toujours été : des personnes au niveau socioculturel très correct, sportives, sans problèmes financiers.

En raccrochant, j'ai consigné la teneur de notre conversation et lui ai envoyé une lettre pour être sûre d'avoir été comprise et souligner à quel point l'affaire serait délicate avec mon père. Sa tendance à la paranoïa s'était accentuée avec l'âge et le sentiment d'un « complot » ourdi contre lui – pour lui faire passer des examens – pourrait avoir des conséquences pour notre mère. Et c'est à tout prix ce que nous voulions éviter, nous leurs enfants, expliquais-je.

« *Il est donc très important de les englober tous les deux dans les examens que vous jugerez bon de leur prescrire. Au demeurant, je pense que maman en a un réel besoin.* » J'ajoutais la litanie des anomalies constatées pendant l'été chez mon père : « [...], *la répétition infinie des mêmes anecdotes, des comportements illogiques, une grande irascibilité, une certaine déprime, une émotivité que je ne lui avais jamais connue. Il pleure facilement – pour les bons résultats de ses petits-enfants à des examens par exemple. Il y a une violence en lui que l'on ne peut soupçonner en le voyant de temps à autre. Il perd facilement l'équilibre.* [...] *Il lui est aussi arrivé de se tromper de plusieurs zéros en faisant des chèques.* » Mon frère m'avait fait rajouter cette dernière mention. Ma sœur avait naturellement relu la lettre et nous l'avons signée tous les trois.

Nous n'avions jamais prononcé le mot d'« Alzheimer » entre nous et je pensais que maman n'allait pas si mal. Nous le pensions tous.

La « consultation mémoire », prescrite par leur généraliste, a eu lieu le 20 novembre 2013 en hôpital de jour, au centre de gérontologie Saint-Thomas d'Aix-en-Provence. Ils y sont allés seuls. Nous n'en avons jamais entendu parler. Son compte rendu, destiné comme il se doit à leur médecin traitant, ne nous a pas été communiqué. Je ne l'ai lu qu'à l'occasion de ce livre, pour avoir demandé tous les documents médicaux concernant mes parents.

Aurais-je, aurions-nous compris ? Je ne sais pas.

Le bilan de mon père indique : « *Il ne se plaint de rien, dit ne présenter aucun problème de mémoire ou cognitif.* [...] *Sa femme a noté qu'il cherche parfois ses affaires et oublie le plus souvent les faits récents.* [...] *Il décrit un isolement social présent depuis son déménagement à Aix* [dix ans plus tôt] *qui a généré chez lui et sa femme un sentiment de tristesse et d'ennui.* [...] *Il se montre pendant cette consultation apathique et apragmatique.* »

À plusieurs reprises, l'équipe médicale note que mon père ne voit pas du tout l'utilité des tests psychométriques qu'on lui fait passer. Aucune désorientation spatio-temporelle n'est décelée. Le discours est « *cohérent, fluide, sans manque du mot apparent, mais redondant* ».

L'attention et la mémoire de travail de mon père sont cependant inférieures à celles d'un homme de son niveau socioculturel et de son âge (quatre-vingt-deux ans). Il souffre également d'un « *ralentissement psychomoteur* ». L'examen conclut à des « *troubles cognitifs légers* ».

Ma mère, elle, se plaint d'emblée d'oublier les noms propres et les faits récents, ce qui « *la gêne et l'agace* ». Le bilan relève « *un vécu très négatif du vieillissement* », « une descente trop rapide », « un naufrage », dit-elle. Elle indique se sentir isolée à Aix et montre de l'anxiété pendant les tests. Pas de désorientation spatio-temporelle, « *la mémoire autobiographique est performante, le discours cohérent, fluide, informatif, sans manque du mot apparent ni redondance. Lecture et compréhension orales sont préservées* ».

Son fonctionnement cognitif est lui aussi insuffisant pour son âge (quatre-vingt-un ans). Ses troubles sont qualifiés de « *modérés* ».

La situation est jugée assez préoccupante par le Dr Anne Gentry, la gériatre responsable du service, pour qu'elle veuille revoir mes parents dans un délai assez bref : il faut compléter les tests et surtout leur faire passer un scanner. Un nouveau rendez-vous est donc pris.

Ils l'annulent quelques jours plus tard. Cela, nous l'ignorons aussi.

Nous ne savons pas quel monstre nous combattons.

L'ogre

Il s'appelle Pierre. C'est le prénom qu'il a choisi. On peut dire qu'il lui va bien. Il est silex, il est granit.

Pierre est né Serge, le 8 mai 1931, au 89, rue d'Assas à Paris. C'est un employé de la maternité présent à l'accouchement qui a déclaré la naissance, à la mairie du 6e arrondissement. À l'état civil, suivent le nom du père, éternel absent, et celui de la mère Élisabeth, Rosa, Joséphine Ehrhardt, née à Valff, un très ancien village d'Alsace.

Mal mariée et trop jeune à un homme de Bourgogne qui ne valait pas tripette, Élisabeth n'a pas gardé longtemps son nom de jeune fille, Ehrhardt, «*fier de son honneur*». Ni même son prénom. Après ses noces, Élisabeth Ehrhardt est devenue Rose Choux. Rose était concierge au 13, boulevard de Port-Royal, à Paris, lorsque son fils est né.

Maintenant, Pierre a quatre-vingt-deux ans. C'est mon père. Il est assis au bord du lit, tête baissée, comme un taureau. Sa voix monte dans les aigus et s'éraille. Il crie : «*Vous êtes venus pour me liquider !*» Un mélange de révolte, de résignation et de menace.

Je suis à côté de lui et il me fait encore peur, même vieux, même malade. Cette violence en lui, ancrée, ce vocabulaire de bandit, alors que nous consacrons l'essentiel de notre temps libre, nous ses enfants, à essayer de l'aider. Aucune parole d'apaisement ne peut le consoler de cela : la déchéance à l'œuvre et la mort programmée. Plus tard il crie encore, s'adressant à ma mère : «*Ils vont tout te prendre! Tout, tu m'entends! Tu n'auras plus rien!*» Elle a des yeux d'oiseau affolé.

Quelle peur l'a saisi, lui, le petit apprenti boucher, quand la chambre froide a fini par geler ses cordes vocales? Il en a gardé un enrouement à vie et un timbre de fausset qui détonaient avec sa personne. Un homme de pierre doit avoir une voix de stentor. Mais il avait échappé ainsi, pour raison de santé, à la tradition familiale : à la viande. En fréquentant Saint-Joseph, le collège de jésuites à Matzenheim, il avait conçu des rêves qui l'éloignaient des carcasses.

Son arrière-grand-père tenait boucherie à Bischoffsheim, littéralement le «village de l'évêque», au Moyen Âge, et le berceau des Ehrhardt. L'un des sept fils du boucher, ne pouvant hériter du commerce, était parti tenter sa chance en Amérique.

Longtemps, une grande photo en noir et blanc a été suspendue dans le bureau de mon père. Elle montrait Jérôme et Anna Ehrhardt, en tablier blanc, devant leur boutique, à Philadelphie, Pennsylvanie. L'enseigne en émail, haute comme un homme, indique JER. EHRHARDT – FIRST QUALITY MEAT – AND – PROVISION MARKET. Mon arrière-grand-mère tenait un bébé dans ses bras; sans doute Memy, l'aînée restée américaine, devenue riche et excentrique ; ou Willy, le grand uhlan empanaché ; ou encore Françoise, cette femme élancée aux yeux clairs qui conduisait des automobiles quand on allait encore à cheval. Sans enfant, elle adorait mon père, son neveu et filleul. Ma grand-mère, la dernière de cette fratrie de quatre, est la seule qui soit née en Alsace, alors allemande.

La pelote que Jérôme et Anna avaient amassée de l'autre côté de l'Atlantique leur aurait permis d'« *acheter le plus bel immeuble de Strasbourg* », paraît-il. Elle a disparu en une nuit, dans le krach de 1929. Ils ont continué à tuer le bétail dans la cour de la ferme, dans le Bas-Rhin.

Septembre 2014. Dans la salle d'attente du docteur L., le généraliste de mes parents à Aix-en-Provence, mon père regarde fixement une photo de gratte-ciel, à New York. Il murmure, pour lui-même, de sa voix cassée : « *Il y avait des crocs de boucher. Des carcasses qui pendaient partout.* » Dans la chambre froide il y a soixante-dix ans ? Dans la ferme de ses grands-parents ? Je ne pose pas de question.

Pour rien au monde il n'aurait voulu devenir boucher. Mais il aimait acheter la viande. Le client qui ne s'en laisse pas conter, qui veut de la joue de bœuf, de la bavette, de l'araignée et taille le bout de gras avec le commerçant, en connaisseur. Du bon côté du comptoir réfrigéré.

L'heure est venue où il ne peut plus faire semblant. Paraître. Être cet homme élégant qui a habité un grand appartement dans le 7e arrondissement de Paris, qui chassait en Irlande, en Sologne et roulait en belles caisses. Ce monstre de volonté, déjà père et étudiant le soir aux Arts et Métiers. Cet Alsacien entêté, obsédé par la réussite, que la vague des Trente Glorieuses a déposée à ses pieds. Ce beau gars que les femmes regardaient.

Le Dr L. procède au Mini Mental State Examination, constitué d'une batterie de questions simples. Nous sommes cinq : le médecin, mes parents, mon mari et moi. Pierre commence.

« *En quelle année sommes-nous ?*

— *En 1991.*

— *En quelle saison ?*

— *Une saison de chasse.*

— *Quel mois ?*

— *Août.* »

Aucune réponse n'est bonne. Il ne répond rien lorsque le praticien lui demande le jour du mois et le jour de la semaine. Il ne peut mémoriser trois mots simples, comme « fleur, porte, cigare », à quelques minutes d'intervalle. Ni répéter, ainsi que l'exige le test, une série de conjonctions : « *pas de mais, de si, ni de et* ». Je vois son agacement lorsqu'il doit prendre une feuille de la main droite, la plier en deux et la jeter à terre. Gestes qu'il exécute pourtant correctement. Cette partie du test permet d'apprécier la compréhension, l'organisation et l'exécution d'une tâche. Être un exécutant, il n'a jamais trop aimé cela.

Il a renoncé à toute réponse dans le test de calcul mental.

Je crois comprendre sa logique, les mystérieux replis de sa mémoire, ses courts-circuits temporels. Mais comment être sûre ? Il navigue dans le brouillard, sans instruments, je suis sa mémoire intuitive. 1991 est l'année où je suis entrée au *Monde*, qu'il a lu chaque jour depuis, jusqu'à ce que les mots n'aient plus aucun sens. Cette « saison de chasse » est une passion de sa vie et le début du titre d'un livre publié par son petit-fils et sa compagne, Victor et Zoé. Août est le mois où nous sommes nées, ma sœur et moi. Ma boussole indique-t-elle son nord ? Je n'en saurai jamais rien.

En quittant le cabinet du médecin, où le mot Alzheimer a été prononcé, il prend mon bras et murmure : « *C'est une idée tout à fait insupportable.* »

Lili

Taille de guêpe, petites épaules rondes, chevilles d'une exquise finesse, elle est juchée sur un escabeau. Une masse souple de cheveux bruns, un sourire un peu ironique : il n'en faut pas plus à Pierre pour tenter de séduire la fille perchée. À peine sortie de son école de secrétariat et de commerce, elle a été embauchée dans un grand magasin destiné aux «professions de bouche», rue Étienne-Marcel, à deux pas des Halles.

Les Halles, les vraies, celles du ventre de Paris, baignées d'une lumière laiteuse sous leur coiffe de verre et de métal, où les cris résonnent dans l'atmosphère moite, chargée d'une odeur de sciure et de fraîchin. Tous les jeudis (pas d'école), j'y allais avec ma grand-mère pour acheter une sole, «*parce que le poisson, ça donne de la mémoire*». On faisait un tour par le magasin. Maman sentait le poivre et *L'Air du Temps* de Nina Ricci.

Pierre propose de l'aide à la jeune fille de l'escabeau, une fois, deux fois... Il persévère tant qu'elle finit par dire oui. Liliane Falcini se marie le

6 janvier 1955, à la mairie du 3e arrondissement. Ses parents, natifs de Toscane, ont fui l'Italie de Mussolini et le régime fasciste, comme des centaines de milliers de leurs compatriotes. Gino a d'abord émigré seul, en 1923. Il est revenu trois ans plus tard pour épouser sa promise, Assunta, à San Piero a Ponti, leur village, à douze kilomètres de Florence. Ils ont passé leur nuit de noces dans le train qui les emmenait définitivement vers la France.

Liliane est née à l'été 1932, au domicile familial, rue du Vertbois, à Paris, comme son frère aîné, Carlo. C'est un appartement construit sur le toit de l'immeuble, près du ciel. D'une fenêtre voisine la *zia* Gina, leur tante qui n'a pas eu d'enfant, leur envoie des bonbons attachés à un fil, précédés d'un : « *Chicco filo !* » Ce « *chicco filo* » retentit comme un cri de bonheur. C'est un foyer harmonieux, où l'on vit aussi dans l'entre-soi de cette communauté d'immigrés. Gino a un compatriote pour associé, leurs familles se fréquentent et tous les Italiens du quartier se connaissent. Mes grands-parents parlent italien entre eux et avec leurs enfants, mais dès qu'ils sortent, ils s'expriment en français.

Quand Liliane se marie, le Conservatoire national des arts et métiers a annexé depuis longtemps le nid de la rue du Vertbois pour s'agrandir. Les Falcini se sont relogés non loin, dans un immense appartement qui donne d'un côté au 42, rue Meslay et de l'autre au 35, boulevard Saint-Martin. Ils accueillent le jeune couple, Pierre et Liliane, pendant neuf années, et moi de ma naissance à l'âge de huit ans.

Gino Falcini est l'homme le plus doux qui soit. Visage étrusque aux yeux sombres en amande, gestes mesurés, voix posée, voilée par une éternelle cigarette, tel est le père de ma mère. Sa femme est généreuse, aimante, affectueuse. Nonna («grand-mère» en italien) me promène sur les Grands Boulevards dans un haut landau comme si j'étais une princesse du sang. Dans sa chevelure très noire une seule mèche blanche a poussé, au-dessus du front, dès l'âge de trente ans. Cela me paraît le comble du chic. Gino est mort une nuit d'automne, en faisant l'amour à sa femme. C'était en 1966 et je n'en ai rien su pendant cinquante ans. Quelle mort magnifique.

Liliane est drôle, espiègle, pleine de fantaisie. Et parfois la pire des pestes. Sa mère l'appelle « *Vespa Venenosa* » (guêpe venimeuse), quand elle exagère ses moqueries. Elle a l'esprit toscan chevillé au corps, voilà tout.

Quand elle passe, elle aussi, le Mini Mental State Examination, après soixante ans de vie commune avec mon père, elle ne se sent absolument pas concernée par l'exercice. «*Dans quel pays sommes-nous?*» demande le Dr L. « *Certainement pas en Italie!* » rétorque ma mère avec un aplomb formidable.

L’épreuve

Quand les sirènes retentissaient, que les bombes s’apprêtaient à pleuvoir, Carlo et Liliane, le frère et la sœur, couraient sur leurs petites jambes pour s’abriter à la cave. Hélène, née en 1939, suivait tout emmaillotée dans les bras de leur mère. Sa peau était blanche comme la neige et ses cheveux noirs comme l’ébène. J’ai toujours pensé que c’était un personnage de conte de fées. C’est peu dire que ma mère est tombée folle d’amour de cette petite sœur arrivée sur le tard. Celle-ci avait à peine dix-sept ans quand je suis née et je l’ai aimée tout autant.

Hélène est devenue trilingue, elle s’est mariée avec un géologue suisse qui l’a emmenée vivre en Libye. Ils sont revenus en Europe en 1969, après le coup d’État de Kadhafi et nous trouvions très drôle que nos cousins réclament à boire de la « Bengachir ». Le cercle vertueux ne s’est enrayé que bien des années plus tard, lorsqu’un des quatre garçons du couple a été victime, à l’âge adulte, d’un grave accident de voiture. L’aile du fichu papillon a propagé ses effets de malheur.

Terra incognita

En mai 2013, nous avons enterré Hélène. L'annonce de son cancer du pancréas, trois ans plus tôt, avait jeté mes parents à terre. Il y a eu de très beaux jours avant, pleins d'amour, d'humour, dans une urgence inouïe à profiter les uns des autres qui se peut imaginer. Dans cette banlieue tranquille de Zurich, où a lieu la cérémonie, des amis, des voisins, qui ne connaissent pas ma mère, l'abordent en lui disant en allemand : « *Vous êtes la sœur d'Hélène, n'est-ce pas ?* » Elle n'a plus de larmes et je voudrais la protéger. Mon père marche avec difficulté et pleure comme un enfant.

Avant de retourner chez eux, dans le Midi, ils font escale chez nous, à Paris. Au réveil, ma mère ne trouve plus les toilettes. Après le petit-déjeuner, elle ne retrouve pas sa chambre.

Marc, mon mari, s'inquiète.

Je pense qu'elle est encore bouleversée.

La mer

Un homme et une femme courent au bord de l'Atlantique sur une plage sans fin. Entre eux, une enfant de deux ans qu'ils tiennent par la main. Leurs pieds sont couronnés d'écume blanche. Sur la photo, leurs silhouettes sont nettes mais on ne distingue pas leurs visages. On comprend pourtant qu'ils sourient et peut-être même qu'ils rient, si leur course joyeuse leur laisse assez de souffle.

En cet été 1958, Pierre et Liliane vivent leur deuxième saison au paradis. Il y en aura beaucoup d'autres. Mes parents appartenaient à une petite troupe de pionniers, dont la philosophie n'a guère varié avec les années : vivre près de la nature, et surtout le plus loin possible du monde chimique et industriel, dans une communauté où les barrières sociales seraient sinon abolies, du moins invisibles, ne serait-ce que par disparition du vêtement.

Aux temps héroïques, l'électricité y était proscrite, on allait aller chercher de l'eau à la pompe et les douches étaient froides. L'énergie solaire a tout transformé depuis quelques années, mais pas fondamentalement l'esprit.

Lili a tout de suite fait confiance au couple d'amis qui lui révélait l'existence du naturisme, que la médecine hygiéniste de l'époque pouvait elle-même conseiller. « *On y va Pierre ? Ça a l'air formidable !* » Pierre a grommelé, sans dire non. Après le premier weekend « d'essai », en région parisienne, il s'est mis au lit, avec une jaunisse.

Ensuite, il n'a plus jamais voulu retourner dans le monde des « textiles ». Ni l'ambition, ni la réussite sociale, ni les avantages que peut procurer un peu d'argent, n'ont altéré leur désir de se ressourcer ainsi et ils n'y ont jamais failli de leur vie. L'endroit a pu varier – pendant quelques années ce fut la Corse –, mais ils sont toujours revenus à ce point d'ancrage : l'Océan, les dunes et leurs ajoncs piquants (où il ne faut pas marcher sous peine de faire reculer le littoral), la pinède, le vent, le soleil et cette plage de début du monde.

Juillet 2013. Ils sont là, tous les deux, sur le quai de la gare de Lesparre, terminus du tortillard qui serpente à travers le Médoc. Ils m'attendent. Souriants, bronzés, presque lumineux tant le soleil de la fin d'après-midi les patine à l'or. Ils ont l'air en parfaite santé. Sur la route, durant ces vingt minutes de trajet jusqu'à notre destination, je m'inquiète de la conduite de Pierre mais je n'en dis rien. Je ne veux pas froisser sa susceptibilité et c'est le jour de mon arrivée.

Les amis

À l'enterrement de mon père, ma mère, qui ne reconnaît déjà plus personne sauf nous, présentera Lydia comme «*une amie d'enfance*». Elles sont nées toutes les deux en 1932 et à seize ans elles se voient tous les jours, lorsque Lili vient chercher le pain à la boulangerie, rue Meslay. Orfèvre à Bologne, M. Bortolotti, le père de Lydia, est devenu boulanger à Paris. Puis électricien. C'était courant, si l'on ose.

C'est donc d'abord une amitié de Ritals. En vertu de cette solidarité patriotique, Lydia pouvait sortir avec le frère de ma mère, Carlo, et ses copains, tous pourvus de motos, parce que c'était un Falcini. Confiance absolue entre familles et surveillance étroite en dehors.

Il leur arrivait de prendre toutes les deux le car à Vincennes et de filer à la campagne, à Montbrieux, dans la grande maison que Gino et Assunta avaient achetée dans les années 1930 en Seine-et-Marne. Ils l'avaient séparée en deux et l'autre moitié avait été acquise par mes parents. Les fruits dans le jardin, les bains dans le Grand Morin, les cœurs à la crème, c'était bien.

Un jour, René, un Pyrénéen de Paris, a suivi ce car à vélo comme un fou jusqu'en Seine-et-Marne, désespéré d'être éconduit par la famille de Lydia. « *Regarde qui est là !* » s'était exclamée ma mère en regardant par la vitre. Lili aussi s'était montrée méfiante envers lui et avait averti son amie : « *Il te ment, il ne peut pas gagner ce qu'il t'a dit.* » Mais si – René était ingénieur chez IBM.

C'est par Lydia et René, une fois mariés, que Pierre et Lili sont arrivés à Montalivet, le « centre héliomarin », naturiste. Bien sûr, ils ne le disaient à personne. Quand elle l'a appris, par son innocente petite-fille, ma grand-mère, Assunta Christina Falcini née Pugi, a failli tomber dans les pommes.

Montalivet. Le lieu du bonheur, au temps du camping sommaire, des lampes à gaz, dont les manchons friables s'envolaient telles des aigrettes de pissenlits, et plus tard aussi, à l'ère du confort. Toujours pas de lave-vaisselle, de lave-linge, d'aspirateur, de sèche-cheveux, mais l'odeur de la pinède, où passe parfois un chevreuil, le grondement régulier de l'Océan, les jeux des écureuils dont les griffes crissent le long des pins à écailles, le chant d'innombrables oiseaux, les baignades interminables dans les rouleaux de l'Atlantique, les nuits étoilées comme nulle part et cette plage qui s'étire à l'infini...

Comment quitter la mer sans eux qui ont accompagné mes parents toute leur vie ? Cette bande de copains aux fêtes mémorables, qui se retrouvaient l'hiver à Tignes, glissant sur leurs Strato, avant de dîner au Paquis, leur hôtel fétiche, le visage rougi de soleil et d'air pur. À Paris, les skis de mes parents étaient rangés au fond de l'appartement. Je les tenais sur l'épaule, les examinais en détail, dessus bordeaux, semelle bleue, en rêvant de montagne.

L'été en Corse, ils glissaient encore, sur les toboggans naturels du Gavo, un torrent bordé de grands rochers plats, blancs et doux. Ils criaient en riant quand les cochons sauvages partaient avec le déjeuner. Les balades en bateau depuis Villata, la pêche, les tours génoises.

Souvent, le 31 décembre, la bande était invitée à Montbrieux. Ça dansait toute la nuit, en déguisements délirants. Bref, si mes parents avaient beaucoup travaillé, ils ne s'étaient pas moins amusés.

C'était si précieux pour ma mère d'avoir deux amies chères. Lydia et, quelques années plus tard, Colette. Une beauté sidérante, venue de son Jura natal, les yeux très bleus, sculptée comme une statue et joueuse de tennis passionnée. Blonde. Drôle. Indépendante.

Son mari, Pierre, connaît le cousin de mon père. C'est par ce dernier que tout le monde se rencontre.

Henri, un sosie d'Elvis Presley, est tripier à Belleville. C'est mon parrain. Il m'a offert mon dictionnaire de latin, un énorme Lebaigue avec une couverture rouge foncé en tissu – pas le Gaffiot de tout le monde. Henri, en cette soirée des années 1950, vient d'acheter un chien de chasse et l'a installé sous la table, au milieu d'un tas de fagots, pour l'habituer «*à la nature et à la compagnie*». La compagnie ? Henri et Françoise, Pierre et Colette, Pierre et Lili. Le chiot s'ébroue, jappe, sniffe, répand des brindilles et griffe les bas nylon des filles en talons aiguilles qui crient «*Couché ! Couché !*». On rit beaucoup, on boit, et on rit encore.

Le lendemain, un samedi, Colette sort de chez Charles Jourdan, entre Madeleine et Opéra, un sac de chaussures à la main. Lili arrive en sens inverse, par hasard, avec un sac de la même marque. Hasard encore, elles ont acheté les mêmes chaussures, rouges, à hauts talons. Après cette découverte, exclamations de surprise, rires, elles vont boire un café.

Elles ne se sont jamais séparées, jusqu'à la maladie de Lili.

Les deux couples s'apprécient tant qu'à l'approche des vacances 1958, Pierre et Colette proposent à mes parents de partager la maison qu'ils ont louée en Bretagne. Ils refusent, avec un peu d'embarras, et mon père promet d'appeler Pierre pour lui en expliquer la raison.

Dernier été

Rien ne pousse sur le sable. Deux lauriers-roses – plus feuillus que fleuris – ont cependant pris racine dans ce sol pauvre jonché d'aiguilles de pin. Un genêt, du romarin, quelques tiges de mimosa. Une haie de cyprès borde ce qui s'apparente à un jardin. Combien de soins, d'heures de travail, d'eau « clandestine » car rationnée ont été nécessaires pour parvenir à ce résultat ? Mon père aime son jardin d'été.

Trente ans plus tard, il bêche comme un forcené cette mince couverture, faisant voler le sol aride. Il pioche, frappe, s'abat sur la terre avec toute la force dont il est encore capable. J'essaie de le raisonner, de lui faire comprendre que la maigre végétation ne survivra pas à ce traitement. Il crie : « *Mais si je ne peux même plus faire ça, je n'ai plus qu'à crever !* »

Je cours rassurer ma mère réfugiée dans le bungalow de bois. Elle semble ne pas comprendre ce qu'il se passe mais elle a peur. « *Ne t'inquiète pas. Ça va passer. Je m'occuperai de toi.* » Je vais de l'un à l'autre. Sous mes yeux, et sans que j'en mesure bien le sens, mes parents sont en train de devenir mes enfants.

Cette vertigineuse inversion ne m'apparaît pas immédiatement avec toutes ses conséquences.

Je m'aperçois pourtant assez vite en arrivant que quelque chose déraille. Ces quelques jours passés chaque année au bord de l'Océan me donnaient de la force ; j'en repartais bronzée, choyée, nourrie dans tous les sens du terme. Cette fois, je fais toutes les courses, les repas, et Pierre, qui était un fin cuisinier, mange indistinctement ce que je cuisine – bien ou mal, tant je suis perturbée. Il a d'ailleurs peu d'appétit, jamais d'argent liquide et ressasse sans cesse les mêmes histoires.

Il a acheté pour ma mère un vélo à 1 000 euros qui en vaut à peine 350. Une des étrangetés de mon père est de m'avoir rabâché pendant des années la nécessité d'étudier, de gagner ma vie, d'être indépendante des hommes – j'avais compris tout cela très jeune – et d'avoir lui-même séquestré le salaire de sa femme durant toute sa vie. Il ne lui donnait que de l'argent de poche ou ce qui était nécessaire à la vie du ménage. Elle n'avait pas de carte bleue et à peine un chéquier. Mais elle s'est levée pendant des années à 5 heures du matin pour ouvrir ce magasin dans les Halles qu'elle a fini par diriger.

Pierre s'est acheté un nouveau téléphone portable. Il veut un smartphone comme tout le monde, mais son fonctionnement lui demeure mystérieux. Nous sommes assis au soleil, au bord du caillebotis, et j'enregistre les numéros indispensables dans son nouveau répertoire. Je lui fais choisir sa sonnerie et nous essayons quelques manipulations simples, comme un jeu. Je pense faire preuve de pédagogie, mais son esprit n'imprime rien.

Quand nous allons à la plage, je redoute de le voir entrer seul dans l'eau. La puissance des vagues pourrait l'emporter comme un fétu. Mais si je fais mine de l'aider, il me rembarre : « *On n'aime pas être tenu par la main comme un enfant.* »

La nuit tombée, je m'installe à la table, devant mon ordinateur, pour travailler. Je dois depuis longtemps écrire un livre sur les Chirac, mais je ne parviendrai pas à le terminer durant cet été. Mon père s'est assis derrière moi, dans l'ombre, sur le canapé. Il ne dit rien. « *Tu ne veux pas aller te coucher ?* » Pas de réponse. « *Tu n'es pas fatigué ?* » Après un silence, j'entends sa voix cassée : « *Je te regarde.* »

L'abîme m'avale. Moi en train de raconter un vieux président dont l'esprit s'évade vers des rives inconnues sous les yeux de mon père qui ne comprend plus ce qu'il voit.

J'accoste à mon tour en *terra incognita.*

Électrochoc

«*Fouille-le!*» Lili vient d'ordonner à mon frère de fouiller son propre père. *Vespa Venenosa* pique tous azimuts, comme rendue folle par un poison. La voiture, avec laquelle Jérôme a accompagné nos parents jusqu'à Bordeaux, est sens dessus dessous. Pierre doit payer le billet de retour de son fils à Paris et ne trouve pas sa carte bleue (*bis*, *ter*, *quater*, *ad libitum...*).

Le trajet a été un cauchemar : Lili harcèle son mari pour une affaire de gestion de biens en Alsace, qu'ils ont décidé de confier à Jérôme. «*Papa veut que tu t'occupes de l'Alsace. Dis-lui, Pierre!*» Sans réponse, elle attend à peine quelques kilomètres pour ressortir son dard : «*Tu peux dire à ton fils que tu veux qu'il s'occupe de l'Alsace?*» Elle finit par soliloquer, à l'arrière : «*C'était d'accord! Il n'a rien à dire! Quel nul!*» Avant de donner des coups dans le fauteuil du passager : «*Mais vas-y, dis-lui ce qui était convenu!*» À l'avant, mon père reste muet. Tout en conduisant, Jérôme tente de gérer la situation.

Mais là, devant ce véhicule en vrac, il craque. «*Écoute, je ne vais pas fouiller papa, je suis désolé, je ne fais pas ça.* » Il les embrasse, rongé d'inquiétude, et prend son train à Bordeaux-Saint-Jean. Peu de temps après, Lili l'appelle : « *On a retrouvé la carte. Elle était dans la poche de chemise de papa.* »

Les vacances 2014 peuvent commencer.

Je crois que *La Grande Vague de Kanagawa* les a submergés. Cette estampe du peintre japonais Hokusai figurait sur leur calendrier de reproductions d'œuvres du musée Guimet, avec d'autres *Vues du mont Fuji*, peintes vers 1830. Au dos, chaque jour du mois d'août est barré d'une croix tremblante. Le 9, un samedi, mon père a écrit : «*samedi soir*». Au 29, «*Anniversaire Lili*» et cette écriture chaotique et désarticulée dit tout. *La Grande Vague* est un tableau d'une puissance inouïe, au bleu incomparable. Oui, elle les a emportés.

Ils ne mangent rien. Leur frigo est toujours vide. Maman part faire du vélo avec un foulard en soie et des mocassins de ville. Elle n'a jamais un sou. Elle est obligée d'emprunter de l'argent pour aller chez le coiffeur. Elle fait une chute. Au moment de quitter une amie, Lydia, elle s'arrête au milieu du chemin, tournant la tête en tous sens. «*Lili, ça va ?*» «*Tu vas rire, c'est idiot, je ne me rappelle plus comment rentrer chez moi.* »

Jusqu'au jour où éclate une violente dispute entre mes parents, en présence de mon frère et de ma belle-sœur, qui sont arrivés dans leur bungalow, tout proche, avec leurs jeunes enfants.

Pierre coupe des légumes, ou de la viande, avec un couteau, sur une planche. Il fait toujours cela méticuleusement, comme quelqu'un qui a appris à couper. Ses couteaux sont affûtés, rangés. Une remarque de ma mère et déjà il est debout, brandissant cette lame à deux doigts de son visage. « *Tu m'emmerdes ! Espèce de conne !* » Mon frère bondit : « *Holà, mais papa, ça ne va pas, là ?!* » Et lui : « *Mais elle me rend fou cette bonne femme, elle me rend fou !* »

Et pourtant mes parents s'aimaient. Tellement.

Le retour, en septembre, n'est pas moins baroque. Jérôme doit arriver un vendredi à Lesparre, en train, où notre père viendra le chercher. Puis ils repartiront tous les trois à Aix en voiture. Dès le lundi, ma mère l'appelle : « *On a coupé le gaz, fermé les volets, on t'attend !* » Il a beau lui dire qu'il n'arrive que dans quatre jours, comme prévu, elle lui téléphone tous les jours : « *On est prêts !* » Quand il arrive, de fait, les bagages sont bouclés, le bungalow fermé. Tout aura le temps de pourrir, pendant un an, car ma mère, la Vierge rangeuse, la méticuleuse, ce parangon de propreté, ne sait plus nettoyer sa petite maison de bois.

Ils ne reviendront pas à la mer. Malgré le brouillard qui les envahit peu à peu, ils en auront le cœur brisé. Pour nous, c'est le tocsin.

Zone blanche

Rétrospectivement, je ne vois pas comment nous avons pu passer à travers l'année 2014 sans agir. La peur du résultat nous aurait-elle retenus, comme une main invisible ? Ou bien l'inertie de mes parents, ralentis par l'angoisse et la maladie, a-t-elle freiné le cours des événements ? Ou encore nos multiples obligations nous ont-elles empêchés de prendre en main la situation ? Nous nous sommes aussi, sans doute, trop reposés sur le généraliste, ni neurologue ni gériatre.

Au journal, j'avais été détachée du service des grands reporters au service politique le temps de la campagne municipale à Paris : un exercice assez coriace qui aspirait l'essentiel de mon énergie.

Noël est arrivé très vite. Nous sommes allés à Aix en famille. Je n'en ai gardé aucun souvenir, par trop grande fatigue, je crois. Une de nos filles m'a rappelé que son grand-père se levait la nuit avec une lampe frontale sur la tête et fouillait dans les ustensiles de cuisine. Puis il allait se recoucher tranquillement.

Quatre mois plus tard, en avril, le médecin traitant de mes parents avertit ma sœur que notre père a «*un caractère très affirmé*» et qu'il ne veut pas se laisser traiter. Le Dr L. répète qu'il n'a aucun moyen d'imposer des examens à des patients.

Mon père n'a toujours pas subi ceux prescrits en novembre 2013, ma mère non plus. Il a aussi brutalement interrompu les soins qu'il recevait pour une douleur à l'épaule, séquelle d'un vieil accident de ski. Je m'apercevrai plus tard qu'ils ont résilié leur abonnement aux Thermes d'Aix et qu'ils ne suivent plus leur cours de gymnastique aquatique. Ils ne vont plus au festival d'art lyrique. Mon père a décrété : «*C'est trop cher.*» Il ne veut même pas que ma mère aille au cinéma avec des amies. Quand cela arrive, elle ne s'autorise pas à boire un verre après. L'argent devient un problème, Pierre a toujours peur de manquer. Ils commencent à s'enfermer, mais nous ne comprenons pas à quel point.

En mai, le livre de Victor et Zoé qui raconte la vie d'un village iñupiat à l'ère du pétrole, *Une saison de chasse en Alaska*, est présenté au Salon du livre de Genève. Nous avons loué un grand chalet, côté français, et nous nous retrouvons pour quelques jours merveilleux. Pierre et Lili sourient beaucoup mais parlent peu, ils ne paraissent pas tout comprendre. L'impression s'est accentuée pour mon père car il refuse la plupart du temps de porter l'appareil qui corrige sa surdité. Ma mère demande quinze fois les horaires de train. Mais elle participe avec sa bonne humeur coutumière à la confection des repas et nous accompagne pour une bonne marche en montagne.

Nous avons laissé s'écouler une année entière, d'un été à l'autre. Le diagnostic n'a pas été posé et le mot « Alzheimer » ne sera prononcé que huit mois plus tard. Une année de coton, une année blanche. Trois petits singes se sont bouché les yeux.

Sauvetages

Septembre 2014. Un cortège d'angoisses, loin de ces rentrées où le recommencement procure une sorte d'excitation. J'ai accepté de reprendre en charge la page enquête du *Monde*, pour une période temporaire – qui va s'éterniser. Tout est à remettre sur pied et je dois terminer mon livre sur les Chirac après y avoir pratiquement passé l'été. Je dors peu, travaille les week-ends et le soir.

À Aix, le chaos s'installe. Mon mari, Marc, très attaché à mes parents, me propose d'y passer lui-même une fin de semaine au mois d'octobre pour faire le point et secourir Lili.

Elle l'appelle plusieurs fois dans le TGV pour lui demander son heure d'arrivée. Dans son esprit, le temps déraille. Dans l'appartement, les stores déjà baissés masquent la lumière du soir et l'odeur de brûlé couvre à peine celle du renfermé. Maman demande à Marc s'il a pris... son petit-déjeuner. Elle lui sert de l'agneau rabougri accompagné de légumes carbonisés. Il me dira qu'il n'avait pas mesuré avant la gravité de l'isolement de mes parents et leur désespoir.

Il tente de les rassurer et dès le lendemain s'attelle à les décharger des embarras de la vie courante. Leur ordinateur est devenu un objet effrayant et intrusif. Leur boîte de courrier électronique est saturée, ils ne comprennent rien à leur abonnement pour Internet, le téléphone fixe, les portables. Le courrier postal déborde de la boîte aux lettres et s'accumule dans la maison : factures en souffrance, publicités, relevés de banque, sollicitations pour dons en tout genre, etc.

Mon mari, qui connaît bien mon père pour avoir géré avec lui pendant quatorze ans notre chalet commun à la montagne, lui demande s'il ne voit pas d'inconvénient à ce qu'il s'occupe des papiers. Pierre accepte volontiers – il aime son gendre et a confiance en lui.

Autour de la table, Marc explique, trie les documents, tandis que Lili commente et approuve la moindre de ses décisions. Elle a reçu une mise en demeure de payer son abonnement de portable, ce qui a provoqué chez elle un vent de panique et je pense une forme de honte, puis l'opérateur a coupé sa ligne. Maman ne peut plus utiliser son téléphone. Pierre s'enfonce dans le silence. Persuadé d'être ruiné, miné par la peur de manquer, il lui a coupé les vivres, un virement mensuel de 600 euros.

Il n'y a pourtant aucun problème financier à redouter et mon mari constate même que le compte bancaire principal est en constante augmentation. Forcément.

Il indique à mon père qu'il peut aisément verser quelques centaines d'euros à sa femme et qu'elle en a besoin – bien entendu ce système le révolte, mais il n'en dit rien. Devant son refus, il change doucement de ton : «*Liliane a travaillé dur toute sa vie, comme vous, et elle a droit à une retraite honorable. Elle perçoit plus de 2 000 euros par mois et c'est tout à fait injuste de l'en priver.* »

Ma mère explose. « *Quoi, je touche cette retraite, Pierre, et tu ne m'as rien dit ! Tu me caches toujours tout !* » Une dispute homérique aurait pu s'ensuivre, que Marc réussit à endiguer. Le soir, au restaurant, mon père veut l'inviter mais... il ne trouve pas sa carte bleue. Il finit par sortir son chéquier et annonce : «*Je paye la bouteille de vin.* » Liliane propose de partager. Fatigué de ces discussions d'étudiants sans le sou, Marc paye l'addition.

Il a gardé de ce séjour chez mes parents un souvenir d'une grande tristesse. Tout s'écroulait autour d'eux et la vision du désarroi de l'autre, avec lequel ils avaient partagé tant d'années, les plongeait dans un gouffre. Rien ne pourrait les en sortir. Malgré leurs perpétuelles chamailleries – nos enfants les imitaient et cette moquerie affectueuse les faisait rire –, ils ont toujours eu besoin l'un de l'autre.

Marc retourne les voir début novembre en passant dans la région pour des raisons professionnelles. Mon père bloque sa carte bleue après trois essais infructueux, pour faire le plein de la voiture. Maman pleure devant la pompe à essence.

Mon mari les emmène aussitôt à la banque pour tirer du liquide et une conseillère leur suggère de donner une procuration sur le compte. Maman pleure à nouveau dans la banque. Après nous avoir demandé notre accord et obtenu immédiatement celui de mes parents, Marc prend rendez-vous l'après-midi même pour signer les papiers et mettre en place ce système provisoire.

Ma sœur et moi avons rendez-vous un mois plus tard à l'hôpital avec le Dr Anne Gentry, médecin remarquable, qui va enfin pouvoir examiner plus avant nos parents et leur faire passer un scanner. Nous aurions dû commencer par là, mais comment le deviner ?

La consultation

Oh mon père, oh ma mère. Voici leur crâne à nu sous le bombardement des rayons X, ce 1er décembre 2014. Longtemps après, accompagnée de ma fille Flore, je montrerai les résultats de ce scanner à un jeune neurologue, Nicolas Mélé, qui a accepté de m'aider. Le cerveau de mon père mort est là sur la table du café, en coupes multiples, et Nicolas demande s'il peut utiliser son stylo sur ces images qui semblent se répéter à l'infini, comme un kaléidoscope en gris et blanc.

Il encercle délicatement les deux hippocampes, baignés d'une zone grise anormale qui signale une absence de matière, remplacée par du liquide céphalo-rachidien. La structure jumelle s'est atrophiée, comme recroquevillée. Située dans le lobe temporal de chaque hémisphère cérébral, c'est l'un des sièges principaux de la mémoire.

Sans eux, les souvenirs s'effilochent et la désorientation spatiale et temporelle s'installe. La maladie d'Alzheimer flingue en premier lieu ces précieux hippocampes, puis l'ensemble des structures cérébrales qui assurent le fonctionnement cognitif optimal d'un humain.

Mon père est un homme qui tombe, dans tous les sens du terme.

Pour la première fois, le nom du mal est écrit noir sur blanc. « *L'étiologie* [la cause] *la plus probable de cette maladie cognitive est donc une maladie d'Alzheimer ou mixte.* »

Le compte rendu médical de Pierre relève que c'est un patient « *très peu informatif qui répond de façon très détachée aux questions posées* ». Nous n'assistons pas, ma sœur et moi, à tous les entretiens, mais je peux voir mon père à travers les murs.

Son attitude hautaine, blasée, vivement-qu'on-en-finisse. Son angoisse soigneusement cachée. Ses dénis teintés de mépris. Les infirmières chargées d'administrer une partie des questionnaires notent aussi que les échanges sont difficiles car il est passablement sourd et refuse de porter son appareil. « *Il ne semble pas prêt à déménager pour se rapprocher de ses filles comme son épouse pourrait le souhaiter* », conclut le rapport.

Nous avons passé une très bonne journée.

C'est sans doute cela le plus étonnant. Maman était heureuse d'être avec nous, notre père aussi, à sa façon. C'est là, durant cette journée à l'hôpital, que la vie rêvée de ma mère a commencé. Au médecin qui l'interrogeait sur son niveau d'études, elle a répondu qu'elle avait fait HEC, « *une grande école de commerce* ». Oh Lili ! Elle n'a pas son bac. Quand nous avons lu cela dans le compte rendu, nous n'avons pas pu nous empêcher de pouffer, ma sœur et moi.

Maman, je ne la vois pas à travers les murs. C'est cela qui me déroute. J'apprends en lisant le rapport que sa «*plainte cognitive est importante*». Pendant les tests, elle manifeste de l'anxiété : «*Je suis nulle.*» Elle assure que tout va très bien avec son mari et ne raconte rien de ce qu'il s'est passé pendant l'été. Peut-être l'a-t-elle déjà oublié. Ses idées noires, courantes après la mort de sa sœur Hélène – «*J'ai eu une belle vie, je peux mourir maintenant*» – ont disparu, mais le personnel médical juge qu'elle souffre d'un «*syndrome anxiodépressif important*» – à traiter.

Le scanner, lui, révèle une «*atrophie fronto-polaire gauche d'aspect séquellaire (AVC?) et une leuco-araïose*». Cette question entre parenthèses, soulevant l'hypothèse d'un accident vasculaire cérébral, probablement passé inaperçu, est d'une importance prophétique mais évidemment nous n'en savons rien à l'époque.

La cause «*la plus probable*» des troubles cognitifs de ma mère est «*une maladie mixte, avec une composante vasculaire importante probable*». Par mixte, on entend une démence d'origine dégénérative, comme la maladie d'Alzheimer, à laquelle s'ajoute une démence due à un ou plusieurs AVC. Ces lésions produisent les mêmes effets sur la mémoire, la parole, selon les zones du cerveau touchées.

Les troubles cognitifs de maman se sont «*sensiblement aggravés*» depuis novembre 2013.

Les examens ont duré de 9 heures à 17 heures dans cette petite structure claire et agréable de l'hôpital de jour. Nous avons déjeuné là, sur une grande table, et nos parents ont mangé de bon appétit. À la fin, ils ont rempli un questionnaire de satisfaction et ont coché, en se consultant mutuellement, « *très satisfait* » à toutes les cases. Même mon père.

L'ennemi est connu et c'est un combat donquichottesque. Un malade d'Alzheimer ne fait jamais de progrès. Son cerveau ne se répare pas, ses neurones ne ressuscitent pas.

Pourtant nous ne sommes pas préoccupés par des questions médicales ou taraudés par une soif de comprendre la maladie de nos parents. Le Dr Gentry nous a conseillé de leur trouver une maison de retraite médicalisée en région parisienne. Ils ne peuvent plus vivre seuls. En attendant, il faut leur éviter tout stress, la gestion du courrier, des comptes, des impôts. Elle évoque une mise sous tutelle ou sous curatelle et préconise une auxiliaire de vie pour faire les courses et les repas. Leurs médicaments doivent être obligatoirement administrés par une infirmière à domicile chaque matin. Et elle leur prescrit des ateliers mémoire. Mon père doit revoir le cardiologue pour un souffle à l'aorte. Qui va l'emmener ?

Nous sommes désormais obsédés par la complexité de ce qui s'ouvre devant nous : administrer la vie quotidienne, à huit cents kilomètres de distance, alors que la raison a fichu le camp en même temps dans l'esprit de Pierre et de Lili.

Chez les fous

Il fait sombre. C'est une version infernale de la caverne de Platon. Ici, la réalité ne pénètre plus, ni même son reflet. L'odeur est un mélange d'urine, de gaz et de déodorant chimique. À l'entrée, derrière la porte à verrouillage numérique, une allégorie de la souffrance, tête renversée, yeux exorbités, bouche ouverte, lance ses membres squelettiques aux quatre points cardinaux d'une terre désaxée, tel un personnage de Jérôme Bosch. Cette créature est une femme.

D'autres humains en fauteuil roulant attendent, immobiles. Les mâchoires se décrochent, les sucs s'écoulent, des regards tournés vers l'intérieur contemplent le vide. Cette armée de semi-fantômes au bord de l'Achéron semble oubliée de tous et du passeur Charon lui-même. Ça siffle, ça ronfle, ça geint dans tous les coins.

Bienvenue dans l'unité Alzheimer fermée d'une maison de retraite de la région parisienne. Jérôme et moi en ressortons le cœur au bord des lèvres. Nous ne pouvons pas parler pendant plusieurs minutes. Nos parents là-dedans !

La visite n'a pas mal commencé. On nous promettait un parc et un château. Le parc n'est qu'un grand jardin mais peu importe. Le château est réservé aux retraités bien portants et nous arrivons en pleine « crêpe-partie ». C'est le programme de l'après-midi. « *Alors, madame Dupont, elle veut une crêpe au chocolat ou à la confiture de fraises ?* » L'animatrice, ou l'aide-soignante, passe entre les tables pendant que sa collègue, dans la grande salle à manger, s'affaire devant ses plaques de cuisson. « *Eh bien, monsieur Durand, vous ne voulez pas de votre crêpe ?* » Non, M. Durand n'a pas l'air tenté. Désire-t-il encore quelque chose dans la vie ?

Nous observons et nous patientons.

Je ne me rappelle plus le visage de la directrice, mais elles se ressemblent toutes. Elles savent exactement quoi dire pour appâter le chaland, de vraies commerçantes sous le vernis médico-sanitaire, tenue quatre épingles, sourire accroché mais pas trop, compatissantes mais sans plus, on n'a pas gardé les vieux ensemble. Il faut faire tourner la machine à cash et satisfaire les actionnaires – en sous-payant le personnel dans la plupart des cas.

Nous visitons la chambre double en rez-de-jardin. C'est bien, mais tout compris il faut compter 9 000 euros par mois ! Largement au-dessus du budget. Et nous ne sommes pas sûrs que nos parents puissent y rester si leur autonomie se dégrade. Car en fonction du degré de dépendance des clients, ceux-ci résident dans le bâtiment 1, le château, le bâtiment 2, que nous n'avons pas encore vu, ou dans le troisième, par lequel nous avons terminé la visite.

Le pavillon intermédiaire porte un nom de fleur, à l'image de ces cités sinistres dont l'appellation évoque les moments les plus exquis de la poésie ou de la musique. Il n'y a rien de spécial à en dire sinon que nous n'imaginons pas un instant nos parents dans un tel environnement.

En trois mois et demi, entre janvier et avril 2015, nous avons visité vingt-huit maisons de retraite médicalisées dans la région parisienne. Les fameux Ehpad, établissements d'hébergement pour personnes âgées dépendantes (80 % des maisons de retraite), appartiennent pour une grosse moitié au secteur privé et le reste au public, mais tous sont liés par contrat avec l'État et le conseil départemental. L'année où nos parents sont entrés en Ehpad, près de six cent mille personnes vivaient dans ces structures et neuf sur dix d'entre elles souffraient d'affections neuropsychiatriques. Elles sont de plus en plus nombreuses et de plus en plus âgées.

Nathalie a construit un tableau Excel à entrées multiples selon les critères de soins, de confort, de dépenses, de transports, que nous avions établis. Nous nous envoyions la documentation et nos comptes rendus détaillés par mail. Au début de cette quête nous ne comprenions pas le calcul des prix journaliers et tout nous paraissait extrêmement cher. Quand le puzzle semblait complet, il nous manquait toujours une pièce, voire deux : pas de place pour un couple, pas de jardin, chambres minuscules, ratio soignants-résidents trop faible, pas de soins Alzheimer, transports en commun impossibles, ambiance sinistre, etc.

Ma sœur et mon frère en ont visité davantage que moi qui vivais un maelström tragique. Dans la nuit du 25 janvier 2015 notre neveu Arthur, filleul de mon mari, est mort dans un accident de voiture, à trente-trois ans. Il venait d'enregistrer un clip avec son groupe et rentrait chez lui, à Lisieux. Notre famille a été ravagée de chagrin. Je faisais des allers et retours entre la Normandie et Paris dans un état second, comme dédoublée, pour parler à la télévision ou à la radio, dix jours après la sortie de mon livre sur les Chirac.

Toutes les maisons de retraite ne méritent pas l'opprobre, loin de là. Mais combien de fois sommes-nous entrés dans un hall où des personnes âgées en fauteuil roulant écoutent des devinettes stupides auxquelles elles ne répondent jamais ? « *C'est un animal qui a des cornes et qui court très vite dans la savane. C'est une ? Une ga... ? Une ga... ?* » L'animatrice brame ses questions devant cet auditoire à moitié sourd ou indifférent. J'en venais à penser que c'était elle, la gaga.

Pourquoi s'adresse-t-on la plupart du temps aux pensionnaires, qui ont pu exercer de lourdes responsabilités professionnelles, en les infantilisant ?

Je pensais à mes parents, abonnés à tous les spectacles du TNP de Jean Vilar puis de Georges Wilson, à Chaillot, ce « *théâtre élitaire pour tous* », qui a fait entrer dans leur univers Brecht, Kleist, Corneille, Musset, Sartre, Beckett, Genet... Ils revenaient avec les livrets, que je dévorais.

Nous habitions près du Trocadéro et vivre dans ce 16e arrondissement bourgeois et argenté à l'excès me donnait une soif de culture inextinguible. Les filles du lycée avaient des hôtels particuliers, des bibliothèques immenses, des frères qui faisaient médecine. Elles apprenaient le bridge, fréquentaient les rallyes, jouaient du piano.

Je lisais comme une furie.

Pierre avait le désir de se rapprocher de ce monde. Lili était moins snob et les codes sociaux lui importaient peu, mais toute leur vie nos parents ont eu l'envie et la volonté de se cultiver. Ils nous emmenaient à l'étranger, pour découvrir Bruegel l'Ancien ou Modigliani. Je me rappelle qu'ils étaient revenus bouleversés de *L'Aveu*, de Costa-Gavras, en 1970. Tous les dimanches soir, de retour de la campagne en voiture, nous écoutions « Le Masque et la Plume » de François-Régis Bastide, avec Bory, Charensol, Ciment.

Et il faudrait les enfermer dans un endroit où la culture n'a plus droit de cité ? Leur esprit vagabond devrait être privé de beauté ? C'est pourtant ce qui arrive la plupart du temps. Dans la réalité, il faut s'estimer heureux s'ils ne sont pas maltraités, volés, négligés. Nous n'étions pas à l'abri de ce scandale, même en payant plus de 7 000 euros par mois, même en ayant passé au peigne fin près d'une trentaine d'établissements.

Un si long hiver

Que savons-nous de nos parents ? Pas grand-chose, au fond. Ma sœur et moi découvrons à la banque, où nous nous rendons avec eux à Aix, qu'ils ont un compte courant, deux plans épargne logement, un compte-titres, un compte en actions, deux assurances-vie, et je ne comprends pas tout ce que dit la banquière. Maman a un compte à la Poste (où mon père lui verse son aumône mensuelle) et un à la Caisse d'épargne, dormant et toujours domicilié à Paris !

Papa a l'air accablé que nous prenions la main sur ses finances mais semble en admettre l'utilité. Comme nous allons souvent à Aix pour les aider, en prenant des jours de congé, nous lui expliquons que cela finit par représenter un coût important pour nos foyers – et il ne s'agit là que de l'aspect financier. Il nous fait donc un chèque. En francs. Il a aussi envoyé à sa petite-fille Justine pour son anniversaire un mot signé *Ton oncle Pierre* accompagné d'une... demande de virement.

Nous entrons alors dans l'interminable tunnel de la mise sous tutelle. La permanence téléphonique du tribunal d'instance ne fonctionne que les mardis matin et le poste est le plus souvent occupé. Quand une personne décroche, j'ai envie de hurler de joie. Les transferts de documents par mail ne sont pas acceptés. Uniquement par courrier postal ou par fax. Qui envoie encore des fax ? Qui en possède un à son domicile ?

Quant à la gestion bancaire à distance, elle ne peut être que temporaire. Mon frère reçoit le courrier de nos parents et couvre les dépenses indispensables, mais leur compte courant s'épuise vite et nous ne pouvons vendre aucun bien.

Lorsque nous avons rendez-vous avec la juge, en mars 2016, pour finaliser la mise sous tutelle, lourde tâche confiée à ma sœur Nathalie, notre père est mort depuis seize jours.

Il n'a rien accepté de son sort. Jamais. Comment l'en blâmer... Mais il aurait pu nous faire confiance, se reposer un tant soit peu sur nous.

À partir de décembre 2014, deux infirmières se relaient chaque matin chez nos parents pour administrer leurs médicaments. Mon père ne veut pas leur ouvrir, refuse de leur confier une clé, ou les reçoit, au mieux, en bougonnant.

Il ne se lave plus, alors qu'il passait plus de temps que maman dans la salle de bains et prenait grand soin de sa personne. Ma sœur est en contact quotidien avec ces deux jeunes femmes qui ont fini par emporter chez elles leur cahier de liaison car il disparaissait régulièrement.

Une nouvelle visite est prévue à Saint-Thomas en janvier 2015, assurée par Nathalie et Jérôme. Ils arrivent à Aix tard le soir, après leur journée de travail. Nos parents se sont couchés tout habillés mais sont heureux de les voir. Les traditionnelles carottes brûlées en cocotte calcinée les attendent dans la cuisine et la table est mise, bien qu'ils aient répété maintes fois qu'ils avaient dîné.

Papa ne veut pas aller à l'hôpital de jour («*Ils sont incompétents!*») mais finira par obtempérer. Il s'avère qu'il a perdu près de cinq kilos depuis le 1er décembre et que ses résultats sanguins laissent craindre une infection. Le Dr Gentry prononce clairement le nom de la maladie devant nos parents et énonce un certain nombre de mesures obligatoires comme l'interdiction de conduire et la présence renforcée d'aide à domicile en particulier pour les repas – en attendant de se rapprocher de nous à Paris.

Mon père répète «oui, oui» comme un automate.

Maman, qui a mis un pantalon de son mari, est d'une humeur charmante et fait laborieusement des crêpes avec une infirmière. Elle s'extasie à plusieurs reprises : «*On est bien ici...*»

Le médecin constate, avec mon frère et ma sœur, que la situation s'est nettement détériorée. Elle leur recommande de débrancher le contact de la voiture et de chercher les armes (les fusils de chasse, dont un fusil à pompe, la vieille carabine Winchester à canon scié, un pistolet – nous ne les trouverons qu'en vidant la maison).

Pendant les courses à la supérette, mon père vole deux baguettes et un sachet de gruyère râpé. Il dit : « *C'est gratis.* » Au dîner, en présence d'amis, tout le monde rit, boit et mange de bon cœur, y compris notre père. Nathalie et Jérôme remplissent placards et réfrigérateur, lavent le linge, font le ménage, trient les papiers. Au réveil de sa sieste, maman rit sous cape : « *J'ai cru que je devais aller à l'école !* »

Une semaine plus tard, nous débriefons tous les trois. Nous établissons la liste des tâches à accomplir : planifier les séances de travail de mémoire à domicile, organiser une conférence téléphonique à trois avec l'assistante sociale, trouver une auxiliaire de vie, etc.

L'assistante sociale nous donne quantité d'adresses et de conseils. Elle nous prévient de l'extrême lourdeur du processus de mise sous tutelle : il faut produire des certificats médicaux établis par des médecins assermentés et une fois la tutelle prononcée rendre des comptes au centime près à la justice, pour chaque achat de la vie quotidienne. C'est une chance pour nous que Nathalie n'ait pas de « phobie administrative ».

Marc et moi nous chargeons de la visite suivante, fin février. Il est arrivé avant moi en voiture et vient me chercher le soir, avec mes parents, à la sortie du TGV. Maman est folle de joie et remarque : « *On dirait la gare d'Aix !* »

Lors de notre rendez-vous avec la société de services, nous établissons ensemble un programme pour la future auxiliaire de vie : cinq jours sur sept, midi et soir, pour assurer courses, repas et coucher.

Nous essayons le plus possible d'associer mes parents à cette décision mais mon père fait la moue et déclare d'un ton glacial : «*Les enfants décident tout à notre place.*» Cela ne lui plaît pas du tout. À la sortie, maman me glisse à l'oreille : «*D'accord, mais seulement le midi. On n'a pas besoin de quelqu'un tout le temps chez nous.*»

Il nous manque, pour compléter leur dossier, la grille AGGIR qui évalue les capacités d'une personne âgée «*à accomplir dix activités corporelles et mentales, dites discriminantes, et sept activités domestiques et sociales, dites illustratives*». Activités «discriminantes»? Se laver, s'habiller, se servir et manger, pouvoir se lever, s'asseoir, se coucher, se déplacer à l'extérieur, ne pas être incontinent et surtout pouvoir communiquer avec autrui et se repérer dans l'espace et le temps. Activités «illustratives»? Gérer son budget, cuisiner, faire le ménage, faire des courses, prendre correctement ses médicaments... Pierre et Lili n'ont plus toutes ces compétences, loin de là. Le Dr L. va chercher lui-même ce formulaire d'évaluation à Saint-Thomas, qui doit être remis à un médecin, et me l'envoie par mail.

Nous passons quelques jours paisibles. Nous déjeunons tous les quatre en terrasse, au soleil. Mes parents ressentent un grand plaisir à être entourés. Ils disent ensemble et séparément qu'ils sont d'accord pour se rapprocher de Paris, mais surtout qu'ils veulent garder leur appartement à Aix. Ils s'imaginent y passer leurs étés. Ils s'embrassent de nombreuses fois et se disent qu'ils s'aiment.

Il arrive encore que mon père soit apathique ou irascible. Il se lève à 4 heures du matin et petit-déjeune seul, avec une toque en fourrure sur la tête. Le lendemain, c'est à 6 heures et ma mère est debout aussi. Je lui ai acheté un gel douche dermatologique : elle est en train d'en étaler une bonne couche sur les tartines de Pierre. J'arrête l'opération avant qu'il ne parle en faisant des bulles, comme les Dupondt dans *Tintin*.

Maman peut mettre *tous* ses vêtements à l'envers, son soutien-gorge par-dessus son pull et une jupe par-dessus son pantalon. Je l'habille. Le samedi, nous faisons une longue promenade toutes les deux. Au bout d'une heure, elle se plaint d'avoir mal aux pieds. J'aurais dû y penser avant de partir, je l'ai laissée mettre seule ses chaussures et elle s'est trompée de pied. Quand je le lui fais remarquer, avant de les changer, elle pique un fou rire et inonde son pantalon en riant de plus belle. L'incontinence, un continent d'ennuis.

Nous allons toutes les deux chez le coiffeur, c'est un moment délicieux. J'ai payé pour nous deux mais elle tient absolument à ce que mon père me rembourse. Sur le chèque, à la place de la somme en lettres, il écrit une longue série de chiffres qui peuvent ressembler à une date.

La femme de ménage lui fait souvent refaire le sien deux ou trois fois. Elle finit par craquer car maman devient désagréable avec elle sans raison. Une voisine et amie de mes parents m'appelle un après-midi. La femme de ménage s'est réfugiée chez elle, à bout de patience – elle arrête.

Lili aussi est passée, l'air déboussolée, une chaussure différente à chaque pied. Elle raconte à Danielle qu'elle va retourner à Paris, dans son appartement, qui n'est pas vendu contrairement à ce que dit son mari (ils n'en ont jamais été propriétaires). Ma mère explique que Nathalie et moi sommes en vacances toutes les deux aux États-Unis. (Je suis au fond de mon lit avec une grippe.)

Quelques jours plus tard, un ange sonne à leur porte. Najla.

Najla est jeune, brune, et douce. Elle va s'occuper de nos parents avec un dévouement qui dépasse largement la conscience professionnelle. Maman l'adore. Elle cuisine bien, fait le ménage, les courses, les emmène à l'extérieur. Elle donne sa douche à Lili, lave le linge, prépare un lit toujours frais. Elle tient avec diligence son carnet de bord. Le 30 mars, ils mangent « *de la salade en entrée, une escalope de veau et de la ratatouille, un fruit ; les chaussettes et les mi-bas ont été achetés et rangés dans le tiroir* ». Le lendemain, en plus de la composition des repas, elle note qu'elle a changé les draps. Le surlendemain, qu'elle les a accompagnés chez le coiffeur. Le 2 avril, lasagnes-épinards et promenade à l'oppidum d'Entremont. Elle se débarrasse des médicaments hors d'âge à la pharmacie, emmène maman chez le cardiologue. Nous nous envoyons des SMS. Elle est géniale. C'est le printemps.

L'accident

Lundi de Pâques, 6 avril 2015, 7 h 30. Le numéro de Valérie, l'une des deux infirmières, s'affiche sur le portable de ma sœur. C'est ainsi qu'elle apprend, et nous avec elle, que maman a été victime, la veille, d'un accident vasculaire cérébral qui a provoqué sa chute sur un trottoir. Elle a été transportée aux urgences de l'hôpital d'Aix par les pompiers. L'infirmière précise qu'elle est en soins intensifs, en piteux état, mais que ses jours ne sont pas en danger.

Papa n'a rien dit à personne.

Il a passé la soirée et la nuit seul, sans doute dans l'angoisse.

Nathalie saute dans un train. Lorsque notre père la voit arriver, un intense soulagement se peint sur son visage. C'est sa fille douce et gentille, la diplomate en chef, d'humeur égale et douée d'un sens de l'organisation peu commun. L'enfant du milieu et le point d'équilibre de notre famille – en tout cas de notre fratrie. Celle sur laquelle il n'a jamais levé la main. À peine en avait-il la velléité qu'elle vomissait. Je l'appelais Vomaï et je l'enviais. Je l'aime de tout mon cœur. Elle a beau avoir huit ans de moins que moi, j'ai parfois l'impression qu'elle est mon aînée. Je suis née le 11 août et elle le 13. «*Née coiffée*», comme disait ma mère avec fierté, car ma grand-mère maternelle avait décrété que cela avait valeur de don particulier.

Pierre se sent bien. Il a besoin d'un temps infini pour accomplir chaque tâche, mais il y parvient. Il parle peu, sourit beaucoup. Il met de la musique le matin, dresse la table du petit-déjeuner. Il ne se réveille pas la nuit. Ne met pas sa toque en fourrure à tout bout de champ, comme un heaume ou une protection magique. Il est relativement cohérent.

Pierre s'inquiète pour Lili mais il manifeste surtout de l'anxiété à l'idée de son retour de l'hôpital. Il déteste ce qu'il ne maîtrise pas : ses désirs de fugue perpétuels, l'incontinence qui gagne du terrain, son esprit qui bat la campagne. Il sait qu'il ne peut plus répondre aux besoins de sa femme quels qu'ils soient et cela le perturbe profondément. Il ne supporte pas d'être en incapacité, mais avec Nathalie il obtempère à tout. Il veut absolument l'emmener au marché et chez «*le meilleur fromager de la ville*». Ils vont ensemble récupérer ses lunettes et il retrouve dans Aix le magasin d'optique, ce dont il sera incapable quelques semaines plus tard.

La venue de sa sœur Josette le comble. Ah ces deux-là! L'amour fou. Deux enfants malmenés qui s'accrochaient l'un à l'autre. À cette différence près que mon père a toujours été le «Choukele» de quelqu'un. De sa mère, de sa tante, de leurs amies, et à vrai dire de toutes les femmes qui passaient.

Quand ma grand-mère paternelle, lasse d'être battue par son mari, a pris ses deux enfants sous le bras et qu'elle est retournée au fond de l'Alsace chez ses parents, Jo a été placée chez un garde forestier. La femme maltraitait l'enfant, devenue maigre à faire peur et presque bossue. La pension n'était pas payée. Une souffrance indicible, loin de tout.

Pierre et Josette ont pu se disputer dans leur vie, mais jamais au point d'abîmer l'affection qui les liait au plus profond.

Pendant ce temps, maman trottine dans l'hôpital. «*Ils l'ont perdue dans les couloirs !*» m'informe ma sœur par SMS. J'en lirai la confirmation dans son bilan de sortie : «*Au cours de l'hospitalisation, persistance d'une désorientation temporo-spatiale majeure avec déambulation.*» Elle a passé trois jours en soins intensifs et nous sommes restés suspendus à ses nouvelles. Puis une semaine en neurologie et nous avons respiré.

Papa adorait prendre le bus avec Nathalie pour aller la voir. Il regardait à travers les vitres comme s'il découvrait le monde. Il était calme, il faisait beau. Je regarde une photo prise par ma sœur à la cafétéria de l'hôpital. Mon père porte un cachemire bleu et lève les pouces pour indiquer sa bonne forme, le sourire accroché aux oreilles.

Najla a noté dans son cahier d'une écriture toute tremblotée : «*Mme Choux a été hospitalisée suite à une chute sur la tête.*» Puis les jours suivants, le 7, le 8, le 9, le 10, son commentaire quotidien commence par : «*M. Choux va bien.*» Le 13 aussi et elle ajoute : «*Ménage fait, visite à l'hôpital pour voir Lili, tout va bien !*»

Je prends le relais la veille du jour où maman doit sortir de l'hôpital, mi-avril, et je la ramène.

Cette présence familiale continue pendant une vingtaine de jours apaise mes parents et embellit leur vie. Le matin du 20 avril, ma mère déclare au petit-déjeuner : «*Je trouve cette maison beaucoup plus jolie depuis que je la vois peuplée de mes amours !*» Je m'empresse d'envoyer un mail à ma sœur et à mon frère pour le leur raconter et j'ajoute : «*Réveil ce matin à 6 heures mais j'ai recouché tout le monde. Du coup, on s'est réveillés à infirmière moins cinq. J'attends Najla avec impatience quand même.*»

Une évidence nous apparaît très vite lors de ce séjour. Nos parents ne peuvent plus rester seuls un instant sans se mettre en danger. L'AVC a accéléré ce processus. Lorsque l'infirmière arrive un matin, maman a posé la bouilloire électrique directement sur une plaque chauffante de la cuisinière et l'appartement est rempli de fumée.

Najla note dans son cahier, au cours de ce mois d'avril : «*M. Choux est très angoissé à l'idée de partir à Paris. Je pense qu'il s'adaptera.*» Il n'est pas rare qu'elle trouve porte close en arrivant. Elle se rend alors en ville et explore le cours Mirabeau ou les cafés avoisinants. Elle les trouve le plus souvent en terrasse en train de siroter un apéritif.

Lorsque Victor et Zoé viennent les chercher pour une balade au bord de la mer, ils ont disparu. Cette excursion est pourtant prévue depuis longtemps et ils s'en réjouissent. Mon fils et sa compagne les cherchent partout en ville, fous d'inquiétude. Ils finissent par les retrouver.

De cette virée à Morgiou, nous garderons de magnifiques photos. Mes parents sont assis devant un mur de pierres sèches et laissent le soleil caresser leur visage. Lili porte des lunettes noires et ses cheveux dansent la samba dans l'air salé. Ils sont beaux.

Une autre jeune fille vient désormais le soir et la nuit, partageant le cahier de liaison. «*Ils se sont levés à 6 heures et impossible de les recoucher. Je leur ai dit qu'il était trop tôt. M. Choux a commencé à s'emporter. La matinée a été dure.*» Mais au moins elle plaît à ma mère. Quand on la lui a présentée, elle a souri : «*J'aime bien les jolies choses!*» Lili s'est tout de même inquiétée : «*Il faut lui donner de l'argent?*» «*Mais non!*» a rétorqué mon père ulcéré. Dans son esprit, c'est comme les baguettes – «*gratis*».

Une autre dame assure les week-ends, mais elle n'écrit rien dans le cahier.

Nous en sommes à 8000 euros par mois et, en dehors de la question d'argent, cette vie assistée à domicile qui nous oblige à des allers et retours perpétuels en TGV ne peut durer éternellement.

Jérôme et moi échouons à les ramener à Paris un affreux week-end d'avril. Nous ne fermons pas l'œil car un anxiolytique prescrit à mon père lui a donné de sévères incontinences urinaires. En pleine nuit, debout dans une mare, il frappe comme un fou en hurlant sur la porte des toilettes où ma mère est enfermée. Il ne sait plus qu'en traversant l'entrée il trouvera d'autres toilettes. Ses cris me glacent le sang.

L'accident

Il est vraiment temps de les emmener dans une maison de retraite et notre quête touche à sa fin. Rien ne sert de demander un petit moment de grâce au bourreau. Rien. Toute personne qui l'a vécu sait la culpabilité que l'on en éprouve.

L'anniversaire

Je lui ai choisi un polo à manches longues vert amande et une belle chemise à carreaux de la marque du crocodile. Il aime bien les jolies choses aussi, papa. Nous sommes tous là. Jo est venue. Sur une photo, Pierre éclate de rire avec son fils. Sur une autre, j'ai l'air d'un cadavre bouffi. Je n'en peux plus de fatigue, de chagrin. À côté de maman, menue, bronzée et souriante, j'ai l'air d'être la mère, comme dans une pub de savon des années 1960.

Nous sommes le vendredi 8 mai 2015 et Pierre a quatre-vingt-trois ans. Il souffle ses bougies, essaye ses nouveaux vêtements. Nous buvons du champagne et il oublie que ce sont les derniers jours à Aix.

Il a fallu choisir. Un seul meuble. Quelques photos. Des vêtements. Deux tableaux. L'un illumine leur salon depuis de nombreuses années. C'est un grand format saisissant du peintre chinois Chen Jiang Hong, que mes parents avaient eu l'occasion de rencontrer et dont mon père vénérait le talent. Nous emportons aussi l'imposant secrétaire de l'époque Biedermeier (du congrès de Vienne, 1815, à la révolution de 1848) que Pierre tenait de sa famille alsacienne et allemande. Je l'ai toujours vu à Benfeld, chez ma grand-mère.

C'est peu de chose pour toute une vie.

Nous partons le lendemain.

À la sortie du restaurant où nous déjeunons en face de la gare, à Paris, nous perdons maman. Le repas se transforme en boule de plomb dans mon estomac. Elle est depuis dix minutes dans les toilettes mais personne ne l'avait vue partir.

Le 11 mai, nos parents entrent à l'Ehpad, dans une banlieue chic de l'ouest parisien où coule la Seine, de l'autre côté d'un pont.

Nous ne savons pas ce qui nous attend. Eux non plus.

II

Dernier domicile connu

Chambre 407

C'est un ancien hôtel. Un immeuble rénové aux longs couloirs, sur cinq étages, à deux pas d'un parc arboré. Un jardin d'hiver (un carré de plantes dans le hall), un jardin dehors et près de cent trente chambres dont quelques-unes seulement pour un couple. Il est vrai que les veuves sont de loin les plus nombreuses dans cet établissement – comme partout ailleurs.

L'infirmière en chef nous a fait forte impression. Une petite femme énergique qui nous promet monts et merveilles. Nos parents vont faire de la gym, des ateliers mémoire, on va les bichonner. La nourriture sera saine, les aides-soignantes attentionnées et formées, des sorties sont prévues. On prendra soin de leur linge moyennant 130 euros supplémentaires par mois. C'est un peu cher mais leur confort n'a pas de prix. Enfin, si : 7 300 euros mensuels.

Nous avons décoré leur chambre – quarante mètres carrés, deux grandes fenêtres, un balcon, une salle de bains – en installant les tableaux, le secrétaire, des photos de famille. Nous avons fait rapprocher les deux lits jumeaux, disposé les fauteuils, acheté des fleurs. Leurs vêtements sont rangés dans de vastes placards, un pour Pierre, un pour Lili. Un décor taupe, brun, beige, comme dans un vrai hôtel. J'ai ouvert les fenêtres pour bien aérer et la vue n'est pas désagréable.

Je papote avec eux, quand on frappe discrètement à la porte. Un monsieur muni d'un escabeau et de quelques outils fait son entrée. Il me souffle : «*Je viens bloquer les fenêtres.*» Je ne comprends pas. Je le vois fixer des barres, des vis, essayer les poignées. Les fenêtres ne s'ouvrent plus que de quinze centimètres. J'en ai le souffle coupé. La mélodie lancinante d'«Hotel California» s'insinue sous mon crâne.

« *We are all just prisoners here, of our own device* » [...]
You can check out any time you like
But you can never leave[1]

«Nous sommes tous prisonniers ici, de notre propre gré» [...]
Vous pouvez régler la note quand vous voulez
Mais vous ne pourrez jamais partir

Mon frère et ma sœur, partis avant moi, avaient peur que nos parents ne sautent dans le vide du quatrième étage.

J'ai vu avec les yeux de Pierre et Lili, senti avec leur esprit, l'univers se rétrécir à une vitesse sidérante : les promenades sur la montagne Sainte-Victoire qu'ils voyaient chaque jour depuis leur jardin, peinte par

1. Chanson et album du groupe Eagles, 1976.

Cézanne sous toutes ses lumières, l'air de la Provence, les cigales et, tout à coup, une chambre. Juste une chambre. La 407, avec ses fenêtres qui ne s'ouvrent plus.

Début juin, Marc et moi emmenons mes parents dîner dans un restaurant, sur une petite place du 17ᵉ arrondissement. Ils apprécient de sortir mais mon père porte une chemise archifroissée et maman commence à manger avec les doigts. J'ai voulu aider Pierre à se changer avant de partir : il n'y a pas une seule chemise repassée dans le placard. Elles sont propres mais chiffonnées. Leurs affaires sont mélangées et il manque pas mal de vêtements. Ceux qui restent ne sont pas tous marqués. Pour 130 euros par mois...

Quand mon frère reçoit la première facture, nous découvrons que nos parents sont désormais classés, respectivement, en « GIR » 3 et 4, alors qu'ils sont entrés dans l'établissement, trois semaines auparavant, en niveau 5 et 6. Le GIR, « *groupe iso-ressources* », mesure le degré de dépendance d'une personne âgée selon les critères de la grille à « *variables discriminantes* ». Niveau 6, encore assez autonome, niveau 1, quasi grabataire. Ce GIR détermine le prix à la journée d'un pensionnaire.

Aucune consultation médicale ayant abouti à cette conclusion ne nous a été signalée, cette décision ne nous a pas été notifiée et encore moins expliquée. Contacté, le médecin de la résidence indique qu'il a estimé à ce niveau leur dépendance après une première visite.

Puisque leur état neurologique semble s'être aggravé si vite, j'imagine qu'il leur faut davantage d'aide. Pourquoi, dès lors, sont-ils attifés n'importe comment lorsque nous arrivons à l'improviste ? Pourquoi ne les aide-t-on pas à faire leur toilette tous les jours ? Maman a les ongles noirs ! Pourquoi leurs affaires ne sont-elles pas encore toutes marquées après plusieurs semaines ? Le médecin promet de renforcer le niveau d'aide, de signaler les problèmes d'intendance et de nous informer de la situation de nos parents.

« *Votre mère va très bien,* nous dit l'infirmière en chef lors de la première réunion. *Elle fait du trampoline.* » Ah bon.

« *Liliane, on fait les valises...* » Tous les trois jours, Pierre et Lili descendent dans le hall avec une petite valise bleue et ils attendent que nous venions les chercher. « *J'ai envie de rentrer maintenant, on est assez restés* », me dit un jour maman. Pour leur sécurité et celle d'autres pensionnaires atteints des mêmes troubles, la résidence est surveillée et les portes vitrées ne s'ouvrent qu'actionnées par une personne derrière le comptoir de l'accueil. C'est une main invisible, comme un tour de magie.

Pierre est devant, tout reste fermé. Nous sommes ensemble, elles s'ouvrent et nous accédons au monde réel.

Ces portes transparentes et toujours closes troublent beaucoup mon père. La rue est là, à portée de main, mais pas des siennes. Il se plante devant et m'explique : « *Tu vois, nous, on a du mal à se régler sur la porte automatique. Elle s'ouvre automatiquement. Elle se ferme automatiquement.* » Il joint le geste à la parole et écarte ses mains puis les rapproche plusieurs fois, bien à plat, mimant les panneaux de verre qui coulissent. Il me fend le cœur. Nous sortons le plus souvent possible. Loin de la chambre 407.

Ils ne sont pas les seuls à se sentir à l'Hotel California. Marc et moi avons fait la connaissance d'une femme anglophone, belle, élégante, avec qui nous faisons toujours un brin de conversation en anglais, cela lui fait si plaisir. Appelons-la « Mary ». Six mois après son arrivée, elle est méconnaissable. Sa peau si fine et lumineuse est piquée de plaques rouges, elle a les cheveux sales, les vêtements douteux, l'air hagard – en tout cas ce jour-là.

Elle se précipite vers nous : « *Je suis prisonnière ici. Qu'ai-je fait ? Ma fille m'a mise ici, comme ça elle pense qu'elle n'a pas de problème. Mais quel problème ? Je mange ce qu'on me donne, je vais me coucher quand on me le dit.* » Je suis si frappée de cette misère morale que je note exactement ses paroles. Je vais voir l'hôtesse à l'accueil (elles sont compréhensives, bienveillantes, professionnelles) et lui demande si nous pouvons emmener Mary en promenade.

La réponse est non. Il nous faudrait l'autorisation de la famille – qui est aimante et assez présente, me précise-t-elle. Dès qu'elle sort, Mary joue les filles de l'air et c'est une trop lourde responsabilité à confier à des inconnus. Je ne sais rien de sa vie mais je pense souvent à elle. En arrivant, je la cherche des yeux.

Ce désir d'évasion est un symptôme bien connu de la maladie, mais où plonge-t-il ses racines ? J'ai la tentation des explications simples, sans doute simplettes. Les fugues de maman à Aix venaient peut-être d'un profond appétit de liberté, sans cesse contrarié par mon père, et soudain désinhibé. Et chez ce dernier, à l'Ehpad, d'une aspiration à sortir d'un endroit qu'il n'avait pas choisi. Ou bien est-ce une façon de fuir la maladie ? d'aller voir si l'herbe est plus verte dans un ailleurs où les mots se rangeraient docilement à leur place ?

Pour la médecine, il s'agit de comportements inadaptés d'errance, probablement motivés par un mal-être sous-jacent et aggravés par la perte des repères dans l'espace et le temps.

Un jour par semaine se tient le marché, dans la ville. C'est une « sortie » programmée pour les résidents et vantée dans la publicité. Mes parents adoraient aller au marché naguère. « *Ah mais non, madame, pas pour les malades d'Alzheimer ! Vous imaginez, il faudrait une quantité d'accompagnateurs... Il faut les surveiller sans cesse.* »

Qu'à cela ne tienne, nous les inscrivons pour une excursion sur les bateaux-mouches à Paris, proposée par la maison de retraite. Je pense que cette idée les aurait fait éclater de rire quand ils avaient tout leur esprit. Elle est annulée pour cause de canicule annoncée.

Entre deux périodes de mutisme, Pierre murmure : « *Il y a des gens qui sont passés au large de notre île.* »

Dedans, dehors

Ils sont tous les deux recroquevillés sur le lit, ils dorment. Papa a l'air de plus en plus petit. Nous avons décidé, Nathalie et moi, de les emmener se promener. Pendant qu'ils se réveillent, nous rangeons leurs affaires. Dans le placard de la salle de bains, je trouve de la confiture et un cake.

Départ en voiture, il fait doux.

«*Ah, on sort de la prison*», remarque notre père en franchissant la porte.

À l'approche du mont Valérien, il montre quelque chose dans le paysage, que nous ne voyons pas.

« *On est passés devant cette statue, là. C'était le premier jour de la sortie des vivants.* »

Je me suis mise à tout noter avec frénésie. J'ai des petits carnets, des morceaux de papier, des notes électroniques dans mon téléphone, dans mon ordinateur. Depuis que quelque chose rétrécit dans le cerveau de mes parents, leur puissance poétique augmente. Des courts-circuits mystérieux font migrer la pensée, la perception du monde, les sentiments, vers des continents étranges. Ils sont là et je les connais, mais ils n'y sont plus tels qu'ils étaient. C'est comme un chagrin d'amour, en moins violent. Ces petites notes écrites mettent la douleur à distance. Journaliste, je me réfugie dans ce que je sais faire. Fille, je veux les fixer à jamais avant qu'ils ne disparaissent, qu'ils ne s'évanouissent progressivement comme le sourire du chat du Cheshire.

Tiens, Lili aussi a un petit papier dans sa poche. Une liste de courses qu'elle retrouve, brusque irruption du passé, pendant la promenade. Elle n'avait pas remis ce manteau depuis qu'elle a quitté Aix. Son écriture, qui était haute, vive, un feu follet à son image, est déjà tremblée, je la reconnais à peine. *Produit vaisselle, produit sol, sel fin, pain.* Elle a mis trois *r* à beurre.

Elle veut absolument garder ce papier. Elle veut toujours faire des courses.

«*Mais tu n'en as pas besoin.*

— *Pourquoi? Mais si!*

— *On fait les courses pour toi.*»

Je regrette aujourd'hui de ne pas lui avoir laissé l'illusion qu'elle pouvait encore agir seule. Nous entrons dans une pâtisserie et ils mangent tous les deux de bon appétit une religieuse au café qu'ils ont eux-mêmes choisie.

Chaque fois qu'ils sortent, ils sont heureux. J'appelle toujours avant pour les prévenir et même s'ils oublient dans la minute que nous allons venir, cela leur donne le sourire sur le moment. Maman a un répertoire étonnant de répliques toutes prêtes :

« *Oui, vers cinq heures, avec grand plaisir, de toute façon je ne peux pas avant !* »

Son imaginaire, sa faculté d'adaptation, sa capacité à tourner les événements à son avantage et tout bonnement sa joie de vivre en font une malade bien moins inquiétante que mon père. Il est étrange qu'une même pathologie produise des effets si différents, qui semblent davantage procéder de la personnalité que de la taille des hippocampes.

Lili gère assez bien, en particulier, la dialectique dedans-dehors. Elle s'est approprié les lieux alors que Pierre y vit en étranger, contre son gré. De fait, chaque malade est différent et évolue en fonction de sa « réserve cognitive », que l'on peut, pour partie, assimiler au bagage intellectuel. Plus elle est importante, moins la maladie évolue vite. Pourtant, le bagage intellectuel de mon père n'est en rien inférieur à celui de ma mère.

Trois mois après leur arrivée, elle me dit au téléphone : « *On est deux petites âmes dans un grand espace. Et là, Pierre a agrandi, il a acheté quelque chose. On a une pièce supplémentaire, tu vois. Comme ça vous pouvez venir dormir.* »

Il n'en est rien, bien entendu. Parfois, elle indique de façon plus prosaïque qu'elle n'éprouve aucune angoisse à se trouver dans cette résidence et même mieux que cela. « *On est bien dans notre petite maison. On va ranger.* »

Quand papa aura disparu, il arrivera qu'elle dise « *chez moi* » à propos de l'Ehpad.

Le revers de la situation est que tout lui manque, chez elle. « *Tu te rends compte, je n'ai même pas un couteau et une fourchette !* » « *Mais comment je peux recevoir ici, il n'y a pas un jus de fruits, pas un apéritif...* »

Le manque d'argent liquide – destiné à faire les courses, donc – devient une question obsessionnelle. Elle oublie beaucoup de choses, mais pas cela. « *Papa ne me donne pas un radis. Je suis gênée aux entournures. Et puis j'en ai marre d'aller au travail.* »

Des disputes terribles éclatent sur ce thème et maman devient violente. Pierre répond de moins en moins. Il est perdu dans l'espace-temps, elle reste ancrée sur la terre. Il arrivera qu'elle le frappe, surtout quand il sera en fauteuil roulant, et nous envisagerons de les séparer. Tout est arrivé si vite depuis qu'ils sont là. À peine nous sommes-nous adaptés à l'évolution de leur situation qu'elle change déjà.

Chers disparus

Il y a tellement de fantômes dans la chambre 407 que l'on ne peut plus mettre un pied devant l'autre. Assunta et Gino, les parents de Lili, sont arrivés les premiers, autour d'elle.

«*Papa et maman, ils vont bien? Tu as des nouvelles?*»

«*Et maman, elle va bientôt arriver?*»

«*Oh là là, je n'ai pas téléphoné à maman depuis longtemps...* »

«*Est-ce que maman va venir toute seule? Elle serait bien ici.* »

«*Mais ils sont où papa et maman? Ils sont déjà partis?*»

À chaque visite, j'esquive, je détourne la conversation, je fais semblant de ne pas entendre. Jusqu'au jour où je finis par répondre. Je lui dis qu'ils sont partis depuis de longues années, qu'ils sont morts. Gino est décédé il y a cinquante ans et Nonna trente-six. Je ne dis pas le mot «mort». Je dis un peu bêtement ce que les adultes nous disaient dans les années 1960 : «*Ils sont au ciel.*» Elle comprend.

Son air de chagrin est si intense, elle a l'air si bouleversée, tel un enfant qui viendrait d'apprendre à l'instant cette double perte, que je me jure intérieurement de ne plus jamais le lui dire. L'instant d'après, elle semble complètement perdue, comme si cette forte émotion l'avait ramenée dans le présent, avec toute sa conscience.

«*Mais où j'étais, moi, pendant tout ce temps ? Dans quel nuage ? Mais pourquoi je suis décalée comme ça ?*»

Je la serre très fort dans mes bras. Bienheureuse anosognosie, reviens vite. Épargne-lui ces moments de lucidité qui ne servent qu'à souffrir.

Ce retour douloureux et fugace à la réalité, avant de repartir au pays des merveilles de l'anosognosie, n'est pas rare chez les malades d'Alzheimer, m'apprendra le Dr Mélé. Ils intègrent des informations qui semblent nouvelles à leurs yeux et paraissent prendre conscience de leur condition.

Pendant toute mon enfance, mon adolescence et même lorsque je suis devenue mère, maman m'appelait Hélène une fois sur deux, du prénom de sa sœur. À la résidence, il est souvent arrivé qu'elle me présente comme sa cadette. Pourtant, depuis que celle-ci est décédée, deux ans avant l'entrée de nos parents à l'Ehpad, Lili ne m'a plus jamais nommée Hélène. Son cerveau semblait avoir acquis cet automatisme, je pourrais dire cette certitude instinctive. Ce qui ne l'empêchait pas, certains jours, de la croire en vie et cela la fâchait presque.

«*Ma sœur, je ne sais pas où elle est, je ne sais pas ce qu'elle fait, plus de son, plus d'image.*»

Cette fois, je me suis bien gardée de dire la vérité. Je crois même avoir trouvé un habile mensonge. Et maman a conclu, apaisée, qu'elle me raccompagnait « *à l'autobus* » – en fait, l'ascenseur.

Il y a d'autres personnages, venus de trop loin dans le passé, que je ne connais pas. En particulier un certain « Marcel ».

Mon père n'a pas de fantômes, ou il n'en parle pas.

C'est lui qui bientôt deviendra une présence-absence autour de ma mère. Une fois disparu, son souvenir vivant l'accompagnera durant plus d'un an, puis s'estompera doucement – mais jamais tout à fait.

Un peu plus de quinze jours après sa mort, elle nous demande :

« *Vous avez réussi à joindre Pierre ? Mais où est-il ? Il va bien ? Tu ne me cacherais pas quelque chose de grave ?*

— *Non, maman.*

— *Oh ma Nathy ! Ah mais non, c'est ma Béa, l'aînée, la commandante, celle qu'on respecte.* »

Je ne peux donc pas lui avoir menti... Pendant plusieurs mois, elle se plaint de ne pas pouvoir lui téléphoner. « *Il oublie sans arrêt son portable.* » Lorsque nous nous parlons au téléphone, elle évoque toutes sortes de situations en sa compagnie.

« *Je m'en fiche qu'il fasse un sale temps. Pierre va venir me chercher et on va se déplacer. On se déplace beaucoup tu sais, alors ça n'a pas d'importance.* »

Immobile, elle réinvente le voyage. Seule, elle convoque ses chers disparus.

S'il arrive que je dorme avec elle, dans notre maison de campagne, car j'ai trop peur qu'elle déambule la nuit, elle s'éveille le matin et me dit les yeux encore fermés : «*Bonjour mon Pierrot.*» Il suffit que je la détrompe d'un mot pour qu'elle m'identifie aussitôt. Sans penser un instant, du moins rien ne permet de le croire, que son mari est mort.

Parfois, nous sommes prises de fou rire, ma sœur et moi, lorsque Lili nous demande d'un ton extrêmement sérieux :

«*Dois-je me rendre de mon propre chef là où est Pierre ?*

— *Non, non, maman, surtout pas, reste avec nous !*»

Elle ne comprend pas l'incongruité de sa question mais elle rit avec nous car c'est ce qu'elle préfère au monde : se trouver avec ses enfants ou avec ceux qu'elle aime et partager un moment de tendresse ou d'hilarité.

Avec elle, la mort est moins triste.

Quand son amie et voisine d'Aix, Annie, l'appelle pour son anniversaire au mois d'août, elle se souvient d'elle, de son mari Bernard.

«*Ah quel plaisir d'avoir des nouvelles des amis aixois ! On a un joli jardin, on est très bien Pierre et moi ici. On fait des jeux, je ne m'ennuie jamais.*»

J'en suis sidérée. Je ne m'attendais pas à ce qu'elle soit une veuve éplorée car la maladie lui fait tout oublier, jusqu'à la perte de l'homme auquel elle a été mariée durant soixante-deux ans. De là à prétendre qu'il est en vie et que tout va bien...

« *Vous avez vu Pierre ? Il faut peut-être le prévenir ?*

— *Il sait tout, Lili.*

— *Comment vous le savez ? Vous l'avez vu avant moi ?*»

Petit à petit ses questions cessent. C'est affreux à dire mais, malgré quelques moments de cafard, maman paraît beaucoup moins stressée que du vivant de son mari. Plus heureuse même. Il a gâché beaucoup de moments de leur mariage par sa jalousie, sa violence, son autoritarisme, sa propension à vouloir être le meilleur toujours et partout et que cela soit proclamé.

Nous en avons une preuve sidérante, à la veille de Noël, en 2017. Nous bavardons avec Lili un dimanche matin au téléphone, Flore et moi. Elle est d'excellente humeur, exprime son envie de nous voir : « *Venez, venez, venez vite mes chéries* » et nous raconte sa vie.

«*J'ai fait ma toilette, je me suis habillée en mettant des imprimés. C'est joli ! C'est super.* »

Jusqu'au moment où ma fille explique qu'elle est en train de passer son permis de conduire. Elle a réussi le code et maintenant, précise-t-elle, «*je dois apprendre à conduire, dans la voiture* ».

La voix de maman devient glaciale, baisse d'un ton, méconnaissable. C'est si impressionnant que l'on pense à une scène de *L'Exorciste.*

« *Oui.* (Silence.) *On prendra assez grand pour que tu nous fiches la paix. Ils nous barbent avec leurs trucs.* »

Nous nous regardons et nous pensons la même chose au même moment. Flore écrit sur une feuille le nom de son grand-père. Oui, évidemment. Dès que maman prenait le volant, c'était épouvantable. Mon père hurlait, la traitait d'incapable et elle était terrorisée, tétanisée. Un jour, en ville avec lui, elle a planté la voiture au milieu de la chaussée et elle est partie à pied. Elle n'a plus jamais conduit.

Sans transition, elle redevient câline et énonce ses drôleries habituelles.

« *On va essayer de se caser quelque part et de prendre le temps perdu. Je suis dans le coup ! L'important c'est de se voir et de se sentir.* »

Tout n'est pas détruit là-haut. Les mauvais et les bons souvenirs. Les êtres aimés et l'amour tout court.

L'enfant

Il est né le 23 avril 2015. Une onde de joie nous a tous parcourus de la tête aux pieds. Pierre et Lili venaient d'entrer à l'Ehpad quand nous les avons emmenés faire la connaissance de Marek, leur arrière-petit-fils, chez Victor et Zoé.

Tout était nouveau, aux deux bouts de la vie.

Quand je regarde des photos de ce jour-là, je n'en crois pas mes yeux. Mes parents ont l'air si « normaux ». Pierre sourit, il touche les petits pieds nus de l'enfant, né comme lui sous le signe du Taureau, dans l'année de la Chèvre. Des bêtes à cornes assez têtues, douées pour les arts et sensibles à la beauté, selon les Chinois. Pierre est là, vraiment.

Ce qu'il se passe entre l'arrière-grand-mère et l'enfant est fascinant. Lili, assise sur le canapé, a pris le bébé dans ses bras et ils se regardent intensément. Les yeux encore gris de ce petit garçon de trois semaines fixent le visage au-dessus de lui, le scrutent, l'observent, l'apprennent, dirait-on. Il absorbe en silence, parfaitement immobile, l'amour infini qui émane de ma mère. Elle, si prompte à bercer, à chantonner, ne bouge pas non plus, concentrée, émerveillée. Tant de fragilité et de force en eux.

Est-il possible qu'un lien se soit tissé si tôt ? Il est plus probable que l'enfant, entendant toujours parler de Lili avec affection, lui ait porté ce sentiment. Toujours est-il que, lorsqu'il a deux ans et demi, nous faisons Marc et moi une randonnée avec lui dans la montagne près de Marseille, derrière Niolon, et qu'il demande tout à trac, sans que nous l'ayons évoquée : «*Elle est trop mignonne Lili, on pourrait lui téléphoner ?*» L'intéressée éclate de rire quand on lui rapporte que son arrière-petit-fils, au babil précoce, demande souvent : «*Où l'est mon arrière-grand-mère ?*» À mesure qu'il entre dans le langage, Pierre s'en retire.

Et tout va très vite, pour chacun d'eux.

La deuxième visite que nous rendons à Victor, Zoé et Marek avec mes parents a lieu seulement trois mois après la première, avant que la petite famille ne déménage à Marseille. Et la situation a radicalement changé.

Pente glissante

Même elle, l'infirmière en chef si compétente, si expérimentée, est impuissante face à Pierre. Il part à la dérive. Elle ne fait rien pour enrayer cette course folle vers l'abîme.

En août 2015, lorsque nous emmenons mes parents voir leur arrière-petit-fils, mon père a de grandes taches sombres sur les joues, comme des tavelures sur une pomme. Il sent très fort l'urine, la salle de bains aussi. Dans le placard, les affaires de Pierre et de Lili sont mélangées ; le sale et le propre, ses vêtements à lui, ses vêtements à elle. Il manque les affaires de prix. Les cachemires, les foulards en soie de maman, dont un en particulier, orné de scarabées multicolores qui lui venait de sa sœur.

On leur vole aussi leur dignité.

Il faudrait donner une douche à papa. Le siège de la voiture où il s'est assis doit être lavé à plusieurs reprises. On ne peut pas approcher Marek dans ces conditions et de toute façon mon père semble ailleurs. Je ne sais même pas s'il se rend compte de la situation.

Maman me dit à l'oreille : «*Il fait pipi au lit toutes les nuits.*»

Comment se fait-il que nous ne soyons prévenus de rien ? Il a pris une fois des médicaments qui provoquaient une forte énurésie, est-ce encore le cas ?

La directrice «*prend note*» du problème de la blanchisserie, sous-traitée à un prestataire. C'est au moins la troisième fois que nous signalons cette gestion malhonnête et anarchique. L'infirmière en chef n'a plus rien de la petite femme sympathique qui appâtait le client avant l'entrée de nos parents dans la maison de retraite.

Elle a réponse à tout et ne se sent responsable de rien. Mon père ne veut pas porter de protections, il les cache, il met deux pulls quand il fait trente degrés, argumente-t-elle. Elle a dû négocier un jour «*pendant vingt-cinq minutes*» pour qu'il se rase. Il lui rétorque : «*Je sais ce que j'ai à faire à mon âge.*» Le personnel fait tout son possible pour ne pas le fâcher. Elle conclut en disant qu'il n'est pas agressif. Je pense surtout qu'il est très médicamenté après ces épisodes et qu'il devient apathique. Mais nous ne savons pas ce qu'il prend.

En septembre, Nathalie emmène notre père chez sa dermatologue. Il reçoit quelques points d'azote sur le visage mais ne se plaint de rien et se laisse faire docilement. Ils déjeunent à l'extérieur, d'une pizza et d'une bière, quel bonheur ! Un tour dans les magasins pour acheter des caleçons, des chaussettes, des T-shirts, quel plaisir ! En marchant, papa se plaint d'une douleur à la jambe gauche. Elle est signalée au médecin.

À l'Ehpad, ma sœur vide les armoires empuanties, fait le tri et remporte un grand sac de linge sale. « *On a bien rigolé pendant ce rangement, je les ai trouvés assez en forme* », nous écrit-elle. Elle rapporte à l'accueil des vêtements rangés dans leur placard qui ne leur appartiennent pas, puis va faire un tour dans le jardin avec maman.

Elle lui montre qu'il n'y a pas de cave dans la résidence, car Lili a insisté à plusieurs reprises pour aller « *nourrir les enfants dans la cave* ». Ma sœur lui assure qu'aucun enfant n'est enfermé, nulle part. « *Alors, je me sors ce sujet de la tête, ça n'existe pas* », dit maman.

En octobre, elle a un gros coup de blues. Elle cherche partout sa petite fille. Laquelle, mystère. Elle veut à tout prix l'emmener, cela a l'air vital. Nous lui disons qu'elle n'est pas là. Agitée, irritée, elle proteste : « *Je n'ai pas de petite fille ?* » Si, mais elle n'est pas là.

Comme au cinéma, où je l'emmène, quelques mois plus tard. La lumière à peine éteinte, elle se penche dans le noir, affolée, et cherche sous le siège : « *Où est ma petite fille ?* » À tout hasard, je réponds que je suis là, que tout va bien, et elle se redresse, plus tranquille.

Une tristesse affreuse la saisit un soir. « *Je n'ai plus de maman, je n'en aurai plus jamais et je ne l'ai pas appelée.* » Nous la prenons dans nos bras, nous lui rappelons qu'elle a des enfants, des petits-enfants, un arrière-petit-fils. Et un mari, ajoute Nathalie. « *Tes copines, leur mari est mort depuis longtemps.* » Elle l'admet.

Il n'y a bien sûr plus aucun doute sur la maladie de nos parents, mais la justice doit encore s'en assurer. Un médecin assermenté vient leur faire passer des tests alors qu'ils sont diagnostiqués depuis un an et demi. L'entretien se déroule dans leur chambre, d'abord avec notre père, tandis que Nathalie occupe notre mère dans le couloir.

« *En quelle année êtes-vous né ?*

— *En 1945.* »

Né un 8 mai, jour de la victoire des Alliés sur l'Allemagne nazie, il commet un anachronisme de quatorze ans, puisqu'il a vu le jour au début des années 1930.

« *Combien d'enfants avez-vous ?*

— *Trois garçons et trois filles.*

— *Quel est l'actuel président de la République ?* (François Hollande.)

— *Le président de la République actuel ?* »

Il répète la question, il ne sait pas. Il ignore qui sont Charles de Gaulle et François Mitterrand. Il a oublié quelle était la profession de sa femme.

« *Qui était Jean Gabin ?*

— *Pffff...* (Long silence.) *Il était artiste de cinéma.* »

Et dans cette réponse, il fait la liaison entre était et artiste.

Pourquoi certains faits, certains noms, certains réflexes survivent et d'autres pas ? Est-ce lié à la façon dont on les a appris ? Au moment particulier où ils sont entrés dans notre esprit ? Aux circonstances et à la manière dont les questions sont posées ?

J'apprendrai qu'il existe une mémoire procédurale, inconsciente, qui permet aux malades de continuer à accomplir des tâches automatiques, comme la marche. Et que certains souvenirs sont plus profondément «ancrés» que d'autres, des souvenirs autobiographiques qui prennent une importance toute particulière dans la construction et l'histoire d'un homme ou d'une femme.

Maman se prête volontiers au questionnaire, mais elle peut s'amuser de presque tout et nie son état, comme d'habitude.

«*Madame, avez-vous des problèmes?*

— *RAS!*

— *Êtes-vous en bonne santé?*

— *Je dose mon sommeil, je m'en rajoute.*

— *Combien d'enfants avez-vous?*

— *J'ai trois exemplaires. Béatrice, Nathalie, Jérôme.*

— *Quel est le nom du président américain?* (Barack Obama.)

— *Il est trop beau garçon pour moi, je ne m'y intéresse pas, je n'ai rien à lui demander.*

— *Où est votre mari?*

— *Mon mari est en prison, je ne sais où.*

— *Vous avez habité à Aix-en-Provence. C'est situé à combien de kilomètres de Paris?*

— *Pas beaucoup de kilomètres. Je le ferais à pied, je crois. J'aime marcher.*»

Alors nous l'emmenons marcher. Elle est ravie. En passant devant une banque, elle lance : «*La Bred, la Bred, ça veut dire pain, ça, non?*»

et de votre fille Juliette, onze ans.

Toi, Anne Guyomard, dite «Nanou», qui allais avoir trente ans, la gentillesse incarnée, mitraillée avec ton mari au concert des Eagles of Death Metal. Quand j'ai raccroché avec tes parents qui habitaient à des milliers de kilomètres de Paris, je ne pouvais pas m'arrêter de pleurer.

Dernier domicile connu

J'ai un peu oublié la chute de Pierre. Je savais qu'on lui donnait des anti-inflammatoires, qu'il n'avait rien de cassé et que l'on n'avait pas eu besoin de l'emmener à l'hôpital. Je suis passée à côté.

« Bien du plaisir »

Si seulement nous étions les seuls à n'avoir rien vu, nous, la famille. Pierre est désormais en fauteuil roulant, il ne parle plus mais grimace de douleur quand on le manipule. Il doit passer une radio du genou – qui ne démontrera rien de suspect. Quand maman lui passe le téléphone, il ne réagit pas. Il est impossible de lui parler.

Lili babille comme à l'accoutumée. « *Les décorations de Noël sont très jolies.* » Elle ne tire pas un son de son mari lorsqu'elle lui demande quel jour il doit subir des examens. « *C'est quand même pas de chance qu'il ait ça, parce que moi je n'ai rien, je vais très bien* », conclut-elle.

Une semaine plus tard, visite. Maman est en forme mais elle est vêtue d'un affreux jogging qui n'est pas à elle, pas lavée, ses vêtements sont constellés de taches, elle a du dentifrice dans les cheveux. « *Ah oui, j'ai mis quelque chose pour que ça colle. Ça colle bien !* »

Je lui fais les ongles. Je coupe ceux de papa qui sont longs et noirs. Il a un pull crasseux avec le menu de la semaine. Totalement mutique dans sa chaise roulante. Il ne commence à se dérider qu'au bout d'une heure et demie, et à esquisser un sourire. Sinon, il se balance d'avant en arrière dans un mouvement pendulaire inquiétant.

Au moment où je pars avec Marc, maman se met à crier et à injurier mon père. Je fais demi-tour et lui dis qu'elle ne peut absolument pas lui parler ainsi.

Après plusieurs protestations auprès de l'établissement, mes parents avaient eu la chance d'être aidés par une merveilleuse fille nommée Choukri. Elle s'occupait d'eux avec gaieté et efficacité. Mais elle a été arbitrairement changée d'étage, contre son gré. Nous voyons tout de suite la différence quand elle n'est pas là. Je réussis à la rencontrer et elle me dit combien elle est désolée de ne plus s'occuper de Pierre et de Lili.

L'infirmière en chef nous fait comprendre qu'elle est la seule à décider de l'affectation du personnel et qu'il n'est pas bon que celui-ci s'attache trop à des pensionnaires. Ah.

Nous sommes le 14 décembre 2015 et j'écris à mon frère et à ma sœur : «*Mon sentiment est que papa ne sera pas debout dans les quinze jours pour aller à la campagne. Je me demande s'il ne faut pas les séparer quelques jours et que j'emmène juste maman. Mais il faudrait alors aller le voir. On s'en reparle.*»

Le 18 décembre, mon père passe une radio des hanches. Je dis au médecin qui m'en informe combien nous sommes inquiets du fait que notre père ne parle plus et que nous sommes très déçus du départ de Choukri.

«Bien du plaisir»

Il assure qu'il faut laisser les nouvelles personnes qui s'occupent de nos parents «*prendre leurs marques*». Il se demande s'il ne va pas «*rétablir les antidépresseurs*» pour notre père et, si son état ne s'améliore pas, faire pratiquer une «*IRM du cerveau*». Cela fait un mois et huit jours qu'il est tombé dans le jardin.

Peu de temps avant que nous ne partions en Normandie – avec l'assentiment du médecin pour emmener Pierre –, Lili me raconte au téléphone : «*Il est manipulé par deux nanas costaudes et gentilles. C'est un bébé, tu sais. Moi je ne l'emmène plus en vacances. Il a toujours quelque chose.*» Je lui demande si son état ne s'est pas un peu amélioré, car la radio des hanches n'a rien révélé non plus. «*Ça va couci-couça. Franchement, ces filles sont gentilles.*»

En fait, l'une d'elles se rend coupable de maltraitance.

Pierre souffre affreusement dès qu'on le lève, l'assied, le couche. Et elle le rudoie comme si ce vieil homme qui n'a plus tout son esprit jouait la comédie. Nous nous en apercevons par hasard en venant le chercher.

Puis nous avons besoin d'aide pour faire passer mon père de son fauteuil roulant au siège de la voiture et on nous envoie le kinésithérapeute de l'établissement. Il parle à mon père comme si ce dernier faisait preuve de mauvaise volonté alors que son visage est blanc de douleur. Le kiné claque la porte du véhicule avec ce viatique à notre égard : «*Je vous souhaite bien du plaisir.*» Comment de telles choses sont-elles possibles ?

Noir c'est noir

Parfois je me retourne et je le regarde du coin de l'œil. Pierre reste fixé sur le paysage qui défile, tout ce vert, les prairies, la vallée sous le viaduc, les animaux dans les pâturages. C'est l'hiver, mais quand on roule vers l'ouest cela se voit à peine. Je me rappelle les jeux durant les longs voyages en voiture, où il fallait être le premier à voir et à compter les chevaux.

Papa suçote un Stoptou que je lui ai donné, ces petits bonbons à la réglisse, fabriqués à Marseille. J'ai déballé pour lui le papier cristallin aux extrémités couleur coquelicot et je pense à l'ironie du nom de cette confiserie. Aujourd'hui, mon père ne peut plus conduire, plus chasser, plus skier, plus courir et même plus marcher.

Son allure athlétique, ses jambes fuselées et le gimmick familial «*fort comme papa*» sont devenus de lointains souvenirs. Mais comment imaginer que nous allons découvrir un corps à ce point meurtri?

Je ne le vois pas mais je sais combien Marc et Victor sont éprouvés quand ils le changent et le lavent, comme ils le peuvent, à l'arrivée. Choqués par l'escarre qu'ils découvrent au talon, par sa peau si abîmée, à vif après un mois et demi de fauteuil roulant sans discontinuer.

Nous avons confié un homme, certes malade d'Alzheimer, mais physiquement valide, à une institution hors de prix et elle nous le rend dans cet état, au bout de huit mois seulement ? Aucun de nous ne s'attendait à cela.

Malgré tout, Pierre est heureux d'être là avec nous. Assis sur son coussin anti-escarres, loué avec le fauteuil roulant à la pharmacie, il fait une courte promenade sous un monceau de couvertures, souriant sous un tiède soleil. Ses petits-enfants, de grands adultes, marchent autour de lui et chacun a la conscience de ce moment.

Papa dîne à table et sourit encore. Une photo de lui avec Flore, au coin du feu. Je vois mes enfants sortir de la pièce pour pleurer, tour à tour. Dans la soirée, il devient si pâle qu'il en est gris. Nous l'allongeons sur un petit lit à côté d'un radiateur. Lorsque maman s'approche, il a un mouvement de recul et cela nous fait souffrir aussi.

Marc le veille toute la nuit.

Le lendemain, le 30 décembre, il va un peu mieux, mais nous décidons de le faire rentrer en ambulance. Peut-être n'aurait-il pas fallu l'emmener ? Mais comment le savoir, puisque le médecin l'avait autorisé ?

Les ambulanciers de Lisieux qui viennent le chercher à la maison le manient avec une grande douceur, beaucoup de professionnalisme et de gentillesse. C'est donc possible.

Le 31 décembre, il est transporté à l'hôpital pour une embolie pulmonaire et mis sous oxygène. Le 1er janvier 2016, il respire seul mais reste «*très douloureux*». Le 5 janvier, gros accès de fièvre.

D'examen en examen, nous finissons par comprendre qu'il a fait un AVC lorsqu'il est tombé dans le jardin en novembre car il montre plusieurs atteintes cérébrales. Voilà. C'est par là qu'il aurait fallu commencer au lieu de multiplier les IRM du genou et les radios de la hanche. L'infirmière en chef et le médecin le soignaient pour «*une crise d'arthrose*». «*Cela peut repartir comme c'est venu.*»

Maman, seule à la résidence, se dit «*horriblement triste*» que sa mère soit morte. Puis elle ajoute : «*Je me suis disputée avec Pierre. Mais il ne me donne même pas 10 francs pour avoir quelque chose en poche quand je vais dehors.*» Nous nous relayons, mon frère, ma sœur et moi, au chevet de notre père. Et nous prenons régulièrement des nouvelles de maman pour nous assurer qu'elle ne se sent pas trop isolée. Le 7 janvier, elle dit à ma sœur : «*Bonjour ma chérie, ça va. Mais moi je ne suis pas maman, je suis Lili !*» Elle ne parle pas de Pierre.

Le 11 janvier, mon frère la trouve dans un état affreux.

Dès le lendemain, nous décidons d'écrire au médecin et à l'infirmière en chef. Nous signons cette lettre tous les trois et l'envoyons en recommandé, avec copie à la directrice de l'établissement.

J'en reproduis l'essentiel ici, car tous les protagonistes ont quitté l'Ehpad (le médecin est resté en « free-lance ») mais je pense à toutes les familles qui se tourmentent de voir leurs parents négligés sans oser protester. On ne peut pas aisément changer des personnes âgées d'un Ehpad à l'autre, quand celui-ci ne convient pas. C'est déjà un immense traumatisme pour elles que de finir leur vie loin de leur maison ou de leur appartement. Un déménagement supplémentaire soulève une quantité insurmontable de difficultés.

« *Notre père* [...] *était affligé de douleurs épouvantables aux jambes et soigné avec des patchs de Voltarène, alors qu'il aurait dû être hospitalisé. Ses examens ont montré plusieurs atteintes cérébrales et nous avons découvert avec stupéfaction une situation en tout point alarmante. Aucune conversation antérieure ne pouvait nous laisser soupçonner la gravité de ses pathologies. Comment expliquer, de surcroît, le manque de vigilance qui a conduit à la formation d'une escarre très douloureuse au talon ?*

L'un d'entre nous a rendu visite à notre mère lundi 11 janvier 2016, vers 17 heures. Il l'a trouvée seule, dans le noir, habillée d'un bas de pyjama et d'un blouson en cuir, sous lequel se superposaient quelques couches de T-shirts, tenue qu'elle a, semble-t-il, gardée toute la journée. Est-ce respecter sa dignité ? Elle paraissait en état de détresse morale. [...] *Une aide-soignante, celle-là même qui "s'occupait" de notre père avec une grande brutalité, a demandé à notre mère de venir se peser dans des termes qui ne nous conviennent pas. Son comportement, infantilisant et brusque, n'est pas approprié. Notre mère se trouve dans une situation de fragilité, affrontant une solitude nouvelle pour elle. Nous osions espérer qu'une attention particulière lui serait portée, car nos visites ne peuvent suffire à gérer la situation...* »

Que dire de la réponse de la maison de retraite ? Je la laisse traîner sur mon bureau pendant plusieurs jours. Quand mon fils la voit et la lit, lors d'un séjour à Paris, lui qui a lavé son grand-père, l'a réconforté, l'a fait sourire, il est atterré. On nous assure que « *les mesures qui s'imposeront* » seront prises à l'égard de l'aide-soignante maltraitante.

Et nous avons vu revenir Choukri avec soulagement !

Mais pour le reste, ni le médecin ni l'infirmière ne se sentent responsables. Mon père ne montrait « *aucun signe d'embolie pulmonaire* » avant de partir, donc *nous* sommes les coupables de son état actuel.

Lorsque Lili exprime le désir de voir son mari à l'hôpital, nous hésitons, tant cette vision est susceptible de provoquer un traumatisme. La psychologue de l'Ehpad, une jeune femme attentive avec laquelle je discute souvent, nous conseille de la laisser faire. Si devant la chambre elle change d'avis et renonce, nous devrons rebrousser chemin. Ce plan nous paraît sage.

Elle vient. Nous les laissons un long moment tous les deux.

Ses jambes la portent à peine quand elle sort de ce tête-à-tête. Dans la voiture, elle crie, pleure, hurle, les dents serrées, puis répète : « *C'est pas juste !* » Et cette phrase : « *Mais pourquoi je suis toujours punie ?* »

Pierre a maintenant une infection pulmonaire. Le moment est si dur que mon frère contracte une pneumonie sévère qui le maintient alité plusieurs jours. Ma nièce, mon neveu, mes enfants, tous ses descendants directs qui sont en âge de le faire viennent voir leur grand-père, ainsi que sa demi-sœur Danièle.

Victor, Éléonore et Flore lui chantent une berceuse alsacienne qu'ils ont toujours entendue.

Nina Bubbele,
Koch im Kind a Soupele,
Schleuh im a Gogele drin...

Dodo, l'enfant do,
Fais-lui cuire une petite soupe,
Casse-lui un coco dedans...

Ils ne connaissent pas la fin, qui varie selon les villages d'Alsace. «*Et mon petit enfant dormira bien*», «*Rajoute même un biberon de vin*», «*Mon bébé sera très sage*», etc. Mais ils savent chanter et n'ont pas oublié la mélodie. En l'entendant, le visage de Pierre s'illumine, les yeux fermés. C'est une douce façon de dire au revoir à leur grand-père qu'ils ont beaucoup aimé.

L'adieu à nos pères

Les réserves de chagrin semblent inépuisables en ce début d'année 2016.

Le 18 janvier, le père de Marc, que tout le monde appelle « Daddy », est victime d'un AVC et transporté dans un état grave à l'hôpital de Lisieux. Les visites sont éprouvantes car même sans être médecin, il apparaît que la vie le quitte. J'aime profondément mon beau-père, ce Britannique grand teint qui ne m'a adoptée qu'après de longues années. Et réciproquement.

Il était hospitalisé à domicile depuis des semaines avant cet accident majeur. Presque toutes les familles ont à porter cela, mais l'effet cumulatif des peines me dévaste.

Le 25 janvier, une cérémonie est organisée à la mémoire d'Arthur, disparu un an auparavant. Le lendemain, Daddy meurt. Nous l'enterrons juste à côté de son petit-fils, dans le cimetière de Fauguernon.

Je reviens à Paris par le train, le 1er février, et oublie, deux minutes, mon ordinateur dans le train, à la gare Saint-Lazare. Le temps de remonter dans le compartiment et celui-ci est volé, avec une foule de notes pour ce livre.

Tandis que j'attends depuis près d'une heure au commissariat, pour faire ma déposition, ma sœur m'appelle. Papa vient de mourir à son tour. Et je pars directement, hébétée, à Notre-Dame-du-Lac, cet endroit paisible et beau où Pierre a passé la dernière semaine de sa vie.

On nous a dit que nous avions de la chance d'avoir eu une place dans ce centre de soins palliatifs, où l'on ne laisse pas la bouche des mourants se dessécher et s'emplir d'une matière brunâtre qui l'obstrue, où quelqu'un vérifie sans cesse qu'il n'y a pas de souffrance, où le personnel médical est bienveillant, voire chaleureux. Pourquoi est-ce de la chance ? Pourquoi au XXIe siècle, dans un pays civilisé, devrait-on mourir dans des conditions indécentes ? Cela existe, je ne le sais que trop.

Nathalie et Jérôme remettent à notre père son alliance, enlevée pour aller à l'hôpital, et nous pleurons tous les trois.

Il y aura deux cérémonies pour Pierre. Une amicale et sociale, chez ma sœur, après la messe, avec la famille élargie. Maman flotte dans un manteau trop grand pour elle, car l'Ehpad n'a pas retrouvé le sien. L'intendante en rejette la faute sur ma mère qui baladerait ses affaires. Même le jour de l'enterrement de son mari, c'est elle la responsable.

Elle flotte aussi dans le temps, sans paraître mesurer l'événement. Elle est heureuse de voir du monde. Trois amies du journal sont venues jusqu'à Verrières,

Marie-Béatrice, Raphaëlle et Ariane. À ces dernières, au moment du départ, maman dira : «*Je crois que Béatrice a un petit chagrin, mais il ne faut pas lui en parler.*»

La deuxième cérémonie, intime, a lieu dans le cimetière de Vendays, balayé par le vent marin, où reposent déjà René et Pierre, les copains de toujours. Le lendemain, nous allons marcher sur cette plage éternelle que maman aime tant. Elle laisse le soleil d'hiver la réchauffer, les yeux fermés, et emplit ses poumons des odeurs de l'Océan.

Fermeture définitive

« *Lâche ça !* »

Ma sœur tient à bout de bras un sac en toile de jute et me jette un regard étonné. Comme j'ai l'air horrifiée, elle laisse tomber le tissu qui s'affale avec un bruit mou sur le sol du garage. Sur la face qui gît à terre, l'aigle impérial du IIIe Reich, sa croix gammée, un numéro et une mention en gothique de la poste allemande. Un sac de courrier de l'époque nazie.

Nathalie en reste bouche bée. Pourquoi notre père a-t-il gardé une horreur pareille ? Dans ses cahiers de collégien, nous retrouverons des caricatures antisémites. C'est le genre de surprise que l'on peut avoir quand on vide la maison de son père défunt.

Comme des milliers d'Alsaciens, « Choukele » est parti en Dordogne en septembre 1939, à l'âge de huit ans. Les autorités militaires évacuaient les populations civiles dans certaines zones – dont le Ried – trop proches de la ligne Maginot, pour leur protection. De Benfeld, petite commune historique au sud de Strasbourg, Pierre atterrit à Bergerac, ville non moins historique au bord de la Dordogne, où poussent des palmiers.

De cet exil, il a gardé un souvenir ébloui. Il était entendu, pour nous ses enfants, qu'en Périgord l'herbe était plus verte, le blé plus haut et plus blond, le soleil plus radieux et le ciel plus bleu. C'était tout ce que nous savions de sa guerre à lui. Il racontera à mon fils qu'il s'était lié d'amitié à Bergerac avec un jeune soldat allemand chargé de convoyer le courrier.

Le même garçonnet aura la présence d'esprit d'inventer un mensonge crédible quand on recherchera son beau-père, le nouveau mari de sa mère, Edgar Weill, parce qu'il est juif. Pierre est blond, il a une raie impeccable sur le côté, les yeux clairs, une parfaite beauté aryenne. Il a fait sa première communion, on le croit sur parole. Ce n'est pas lui qui me l'a raconté, mais Danièle, l'une des deux filles d'Edgar et Rose.

Nous avons débarrassé l'appartement d'Aix longtemps après que nos parents l'ont quitté. Il a dormi dans le noir deux années, amputé du strict nécessaire que Pierre et Lili emportaient. Il faut toute une vie pour amasser des vêtements, des objets, des meubles et trois jours pour que tout s'évanouisse.

Nous donnons à tour de bras : commodes, armoire, chaises, télévision, machine à laver, canapés, fauteuils, table basse, lit, lampes, etc. Je pense qu'ils auraient été horrifiés. Pas le temps de vendre, pas la place de rapporter tout cela à Paris. Je ne veux pas donner les livres, qui atterriront dans le garage de ma sœur, en attendant.

Les deux gars costauds envoyés par une association pour nous aider, et rémunérés, sont aux anges. L'un d'eux s'est meublé entièrement et nous invite la main sur le cœur à venir lui rendre visite chez lui, si nous revenons à Aix. Il est très sympathique, mais nous avons un fou rire, Nathalie et moi, en repensant à cette idée absurde, le soir. Aller voir un jour un parfait inconnu qui vit dans les meubles de nos parents.

Nous rions pour ne pas pleurer.

Nous rions parce que la situation est souvent comique.

Notre mère jetait tout, ses vieilles robes, ses sacs (quel dommage !) et le reste à l'avenant. Aucun souci de conservation et la jouissance du moment présent.

Notre père gardait tout, en archiviste pointilleux et névrotique de sa vie.

Automobiliste. Nous retrouvons ses carnets de route, longues listes de chiffres et de dates. À chaque plein, il notait le jour et l'heure, le prix, le nombre de litres, le prix au litre, le nombre de kilomètres parcourus avec le plein précédent. Pendant quarante-cinq ans, il a fait des tableaux sur des carnets, striés de lignes bien droites pour figurer les colonnes. Je suppose que cela le renseignait sur la hausse continue du coût du carburant.

Propriétaire de chien. Pierre a conservé ses cartes de membre du Club français du braque allemand alors que Teck et Ysa, nos chiens bien-aimés, sont morts depuis des lustres.

Sportif. Il a gardé sa carte d'entraîneur diplômé de la Fédération française de volley-ball (ligue Île-de-France), avec le timbre rose de l'année 1971-1972.

Mélomane ? Nous découvrons qu'il était membre de la Société musicale russe à Paris, 26, avenue de New-York, autrement dit le Conservatoire Rachmaninoff où se trouve aussi la célèbre « cantine », restaurant pour étudiants fauchés dans les années 1970. Carte n° 4197, délivrée par le vice-président, Gr. Grichine, le 6 juillet 1979. Et cela nous étonne intensément.

De droite, vraiment. Devant le gros dossier RPR, barré, UMP, je reste ébahie. J'aurais juré qu'il était rocardien. J'étais quasi sûre qu'il avait voté Mitterrand après avoir été déçu par Giscard. Quand je l'ouvre, trois photos de Bernadette et Jacques Chirac m'accueillent, souriants sur papier glacé, à différentes époques de leur vie. C'est mon destin.

Sur la première, ils sont assis sur un canapé à rayures à côté d'une lampe chinoise. Bernadette sourit d'un air guilleret inhabituel, affublée d'une chasuble rouge biscornue à épaules carrées, et Jacques a l'air de s'ennuyer ferme. Sur la deuxième, mari et femme sont vêtus de bleu et cette dernière arbore une lavallière d'*executive woman* des années 1980. La troisième est indéniablement présidentielle. Noir et blanc, jambes croisées, le regard plongé dans celui des Français pour dire : « Nous entrons dans l'Histoire. » La cravate est légèrement de guingois pour suggérer que le couple royal n'est pas si guindé et Chirac est assis sur l'accoudoir du canapé. Ils ont quand même l'air de partir à l'Opéra.

Mais que font-ils chez mes parents ? Je mesure à cette occasion la formidable machine de communication qu'a été ce parti sous les Chirac. À l'intérieur du dossier, des lettres types personnalisées pour toutes sortes d'échéances électorales, signées Alain Juppé, Nicolas Sarkozy, Jean-François Copé, etc. Pierre conserve tout : les appels aux dons, les photocopies des chèques et les lettres de remerciement. Il envoie, en octobre 1998, une «*feuille pétition CONTRE LE PACS et un chèque de 200 F*», c'est ce qu'il a indiqué à la main sur une lettre de Philippe Séguin.

Et ce quatre pages programmatique d'avril 1995, signé Jacques Chirac, écrit en très grosses lettres : «*Par ce courrier respectueux et amical, je veux vous dire que vous faites partie de toutes mes pensées et toutes mes préoccupations !*» Un ami moqueur, René, y a apposé un Post-it, daté du 16 janvier 1996, trois mois après l'annonce de la rigueur qui tournait le dos à la «fracture sociale» : «*Aucun souci à se faire pour l'avenir, Jacquot l'a dit, répété, écrit !*»

Tout est étiqueté, rangé, classé. Les milliers de photos. Les assurances, les abonnements, les factures, les garanties. Les talons de chèque de la Banque populaire d'Alsace sont collés les uns aux autres en ribambelle que Nathalie déroule pour que je prenne une photo. Effet cocasse. Pour les autres banques, il y a des cartons entiers de talons rangés par année et tenus par des élastiques. Allers et retours à la déchetterie pour Marc et Cédric, le compagnon de ma sœur.

Pierre ne peut rien jeter, même un sac aspirateur usagé. En voulant le changer nous nous apercevons qu'il lui a fait un gros pansement en PVC. Nous trouvons un sac de congélation contenant un vieux fragment de bâche sur lequel il a écrit : «morceaux déchirés de toile occultante». Ces éclats de rire nous font du bien. Cher papa.

Il a soigneusement rangé dans un dossier un pamphlet de ma main, de juillet 1971 (j'aurai bientôt quinze ans) couvert d'une grande écriture d'ado survoltée. «*Les 10 commandements à respecter envers des parents bourgeois, déformés par le fric et la situation sociale qu'ils veulent atteindre et faire atteindre à tout prix à leurs enfants qui n'en ont que foutre et qui estiment la liberté plus chère que le fric et le reste.*» Je m'avançais beaucoup pour ma sœur, âgée d'à peine huit ans, et pour mon frère, qui venait de naître. J'y recommandais un «*état de perpétuelle rébellion*», sur six pages. Je n'ai pas tellement changé, mais l'écriture a rapetissé.

Celle de Pierre s'est défaite, bien avant que son esprit ne se découse. Je trouve un brouillon de lettre, de quatre pages, totalement confus, à propos d'un achat de chauffage. Au feutre rouge, il a précisé : «*lettre non écrite ni envoyée mais apparemment Mr S. a été contacté par A. et prétexté son retour sur Marseille pour me proposer un nouveau rendez-vous l'après-midi de son appel, le vend. 16 avril 2010, et laissé un dossier nouveau chiffré et directement au prix net soit – 95 euros pour les mêmes prestations, soit...*»

Cela s'arrête net. 2010 ! Trois ans avant que nos soupçons se fassent jour.

Je constate aussi, mais je le savais, que les personnes âgées sont à la merci de n'importe quel vendeur peu scrupuleux.

Pierre a décrit en détail des itinéraires pour se retrouver dans Aix. *« Comment aller de chez nous à la clinique du Parc Rambot »* Suivent vingt lignes d'instructions sur un Post-it vert.

Contempler ces traces de son tourment et comprendre qu'il est trop tard pour tout.

Et toi, Lili, que laisses-tu ? Un petit papier blanc près du téléphone où tu as écrit « *Jeudi 7 mmai* », avec deux *m*, et nos prénoms, soudain bizarres, avec une accolade du mauvais côté, *Nathalie*, *Beatricie*, *Gerosme*. La veille du jour où nous sommes venus vous chercher.

Tu as attaché avec un trombone trois petits mots d'amour : un de Nathalie et moi pour la fête des Mères en 1991, un de Flore en 1997, un d'Éléonore, non daté. Tu as aussi ajouté une mention au Bic rouge sur ces papiers : « *À lire en cas de CAFARD. 29 mars 2012.* »

Mais pourquoi êtes-vous partis si loin ?

Le troisième jour nous avons tout nettoyé, sol, murs, tout est blanc, vide, vierge pour une nouvelle existence. Une autre histoire. Dans le garage désert où les voix résonnent, Nathalie sanglote dans mes bras.

Une partie de notre vie se finit là.

III

Le monde selon Lili

Élisabeth

C'est une chemise en carton. Format inhabituel, couleur indéfinissable. Entre le gris et le vert, fanée par le temps. Une illustration de monuments miniatures surplombe le mot PARIS, en lettres capitales. Bleue, assurément, est l'écriture des lettres qu'elle contient, haute et régulière. Elles sont rangées par ordre chronologique, dans leur enveloppe d'origine. Au recto, le cachet de la poste, au verso, celui de l'armée. Sur chacune d'elles, un chiffre romain a été tracé au crayon.

Toute une année de missives de 1953, signées Élisabeth, adressées au sergent Pierre Choux qui fait son service militaire dans la 3e compagnie, SP 77020, BPM 526A, FFA[1]. Elles ont dormi pendant soixante-cinq ans.

Pierre l'archiviste. Pierre l'amoureux. Il avait gardé son *Manuel de l'éclaireur* (édition 1943), dédicacé par

1. SP (secteur postal), BPM (bureau postal militaire), FFA (forces françaises en Allemagne) étaient les codes utilisés pour écrire aux soldats français sans révéler leur ville de garnison.

Bison et Grillon, en souvenir des exploits de la patrouille des Hirondelles, où l'on apprend, en quatre cents pages, comment cuire le pain, servir Dieu et que faire en cas d'attaque aérienne. À la lettre C dans l'index, « *Confrérie, Congestion, Conseil de chefs* », à la lettre V, « *Vomissements, Viande, Vipère* », bref, tout ce qu'il faut connaître dans l'existence. Il avait gardé son couteau de scout, ses cartons de tir, toujours troués dans la zone noire. Il pouvait bien conserver des lettres d'amour.

En quittant Aix, nous n'avons pas pu tout trier. J'ai découvert dans la mezzanine du garage, au milieu des vieilles affaires de ski et de plongée sous-marine, une valise sans âge, pleine de courriers divers, je les ai embarqués. C'est de là qu'ont surgi les lettres d'Élisabeth.

J'entends d'ici la voix qui commande de ne pas lire la correspondance de ses parents. De ne pas les juger. De ne pas raconter. J'entends encore mieux la voix de ma curiosité, de mon instinct. Celui qui me pousse à écrire comme d'autres à chanter.

Je deviens la mémoire de Pierre, puisqu'il l'a perdue, avant la vie.

Élisabeth est une femme mariée. Elle a des enfants et habite Le Raincy. Elle a trente ans, il en a vingt-deux. Elle est cultivée, intelligente, passionnée. Née et vivant dans un milieu bourgeois, sans doute aisé. Je l'imagine belle. Elle va apprendre à Pierre l'ambition, l'amour des livres, et la complexité de l'amour tout court. Et s'abîmer dans cette relation qu'elle jugeait impossible.

Élisabeth souffre d'une jalousie féroce, comme toutes les femmes qui ont peur d'être délaissées. Je ne vois pourtant aucune rivale qui pourrait l'inquiéter dans le fatras de courriers envoyés par d'autres filles. Des gourdes énamourées, le cœur brisé pour un oui ou un non. Pierre a un uniforme, de la prestance, il est beau, de toute façon elles tombent. Élisabeth, elle, aime. De façon farouche et désespérée.

Et elle écrit.

Ce qu'écrivent tous les amoureux, la douleur de l'absence, la solitude parmi les autres qui ne sont pas lui, ces pauvres artifices pour prolonger encore un peu sa présence. «*Je t'imagine si mal dans ce Wittlich que je ne connais pas. Que fais-tu ? J'ai une carte d'Allemagne assez détaillée, je la regarde souvent.*» Wittlich, un bourg de Rhénanie-Palatinat avec ses façades colorées et ses deux grosses casernes qui abritent le 8e bataillon de chasseurs à pied, celui de Pierre.

Élisabeth court à la poste, envoie un télégramme d'amour juste après une lettre, qui dit en peu de mots ce qu'elle a dit en cent. Elle exulte quand elle trouve «*quatre amours de lettres*», d'un coup. «*Sur le chemin du retour j'aurais sauté, chanté de joie. Il m'aime, il pense à moi ! Je deviens folle et ça ne m'est plus permis.*»

Élisabeth, très vite, s'interdit cet amour ou le voit comme un amour interdit, ce qui revient au même. Elle plaide avec ardeur sa cause perdue : «*Je ne suis pas seule chez moi, mari, enfants, je cache ta lettre, je me dissimule pour écrire, essaie de comprendre. Je pense à toi comme on pense à vingt ans !! Et j'ai si peur d'avoir mal.* »

Élisabeth porte un parfum particulier qui a imprégné jusqu'au bracelet de sa montre. *Pour un homme*, de Caron. (J'adorais le sentir sur la tablette de mon père.) Elle lui en envoie un flacon. Il est entouré d'une bandelette noire, que je retrouve dans la seule lettre de Pierre qui ait été conservée. La lui aurait-elle renvoyée ? Il voit dans ce morceau de papier glacé un mauvais présage, le brassard de deuil d'un amour condamné, la supplie de le convaincre du contraire.

Sans doute y a-t-il eu des disputes, de trop longs silences, des maladresses. « *J'ai su que s'il est des lettres qu'on n'espère plus, on ne cesse pourtant de les attendre* », écrit-elle.

S'ils se voient, c'est merveilleux et les séparations sont terribles, à cette mesure. « *Ce départ, un supplice. Oui "arracher" est le mot juste. Je te laissais mon cœur, mon âme. Et le train n'emportait qu'un corps sans vie.* »

Il lui dit qu'elle est belle, elle se trouve vieille.

Pour une raison inconnue, elle perd tous ses cheveux. « *Pierre, quelle terreur, mes cheveux tombaient, tombaient.* » Ne veut plus le voir, tout en continuant de l'aimer. « *Ta colombe meurt de tristesse, de vieillesse.* » À trente ans...

« *Qu'allons-nous devenir ? Pierre, je t'aime et je vais te perdre.* »

Le dimanche 13 avril 1953, elle lui offre *Alcools* de Guillaume Apollinaire, avec cette dédicace : « *Pierre quitte l'Allemagne. Reste deux jours à Strasbourg. Ne m'a ni écrit ni téléphoné. Il ne m'aime plus, mais moi, si. Élisabeth* » Et en dessous de sa signature, elle a rajouté :

« “Élisabeth, n’arrête pas ce voyage, à peine commencé !” *As-tu déjà oublié ?* »

Pierre n’a rien oublié. Il m’a parlé de cette femme, il y a longtemps, comme d’une personne très aimée qui avait marqué sa vie. Ses lettres l’ont suivi dans son mariage, dans ses maisons, et jusque dans sa maladie oublieuse, puisqu’elles sont parvenues jusqu’à moi.

L’amour ne meurt jamais, Élisabeth.

Marcel

Un jour de juillet 2015, Marc a enregistré mes parents. Il les aide à téléphoner à leurs petits-enfants. On entend ma mère, mais pas les réponses.

«*Il y a Marcel qui est... euh... qui est très installé ici, tu vois, bien sûr.* [...] *Mais Marcel Masi!* (Rires.) [...] *Si, c'est quelqu'un de la famille!*» En voiture dans Paris, quelques semaines auparavant, maman avait demandé, levant le nez sur les immeubles : «*Il n'habite pas par là, Marcel?*»

Marcel? Inconnu et omniprésent, il peuple mes conversations avec elle.

«*J'ai reçu la visite de Marcel. Il vient souvent me voir, tu sais.*»

«*Marcel a pris un appartement dans la résidence.*»

«*Marcel m'a emmenée au cinéma.*»

Quand je lui demande, jouant le jeu, ce qu'ils sont allés voir tous les deux, elle répond : «*Oh, des brindilles...*»

Qui est-il? Est-il encore en vie? Quel âge a-t-il? Est-il le produit de l'imagination de Lili? Mais peut-elle fabriquer un personnage?

Il arrive que des patients atteints d'Alzheimer aient des hallucinations visuelles. Mais ils ne peuvent pas construire des délires aussi détaillés que ceux présentés par Lili. Cet homme existe donc, bien que les histoires qu'elle raconte soient des « faux souvenirs », liés à ses troubles mnésiques. Il doit être bien ancré quelque part, pour resurgir ainsi... La médecine a, de fait, constaté que les souvenirs et les événements associés à un affect important sont plus longtemps préservés.

Le frère aîné de maman, Carlo, détient, lui, quelques vrais souvenirs. Marcel est le plus jeune des trois fils de la famille Masi, ces immigrés italiens très liés à mes grands-parents, dans les années 1930. Alberto et Gino, les deux pères, associés, exploitaient un atelier de mécanique, au rez-de-chaussée de l'immeuble de la rue du Vertbois. Les Masi habitaient au troisième étage et les Falcini au cinquième. Dans le souvenir de mon oncle, Liliana et Marcello ont très peu d'écart.

Je n'ai alors de cesse de retrouver cet homme surgi de l'inconscient ou des profondeurs de la mémoire de ma mère. Il semble éveiller un souvenir joyeux, dont elle ne m'a jamais parlé.

Mon oncle a hélas perdu sa trace depuis longtemps et n'a aucun moyen d'obtenir son numéro de téléphone. Au moment de raccrocher, ma tante pense se souvenir qu'il avait acquis et restauré un moulin en Normandie.

Je découvre sur Internet quelques lignes non signées, dans *Ouest-France*, où j'apprends qu'un certain

Marcel Masi a fait visiter au public en 2013 le Beau Moulin, un bâtiment du XVIIe siècle, classé au patrimoine. C'est à quelques kilomètres à peine des plages du Débarquement. Je trouve un numéro privé et laisse un message sur un répondeur anonyme, la voix étranglée. Les jours passent. Rien.

J'appelle l'édition locale du quotidien, qui contacte le journaliste. Mais il a rencontré ce vieux monsieur dans un festival et ne l'a jamais revu. Il n'a aucun portable à me fournir.

Le secours me vient de la mairie de Trévières, Calvados, commune à laquelle est rattaché le Beau Moulin. Son propriétaire n'a laissé aucun autre téléphone. On me donne cependant une adresse en région parisienne. Je sursaute en consultant Google Maps, car Marcel habite... à sept cents mètres de chez ma sœur. Il est sur liste rouge. Je lui écris aussitôt une lettre et l'envoie par mail à Nathalie qui la porte le soir même à l'adresse indiquée. «*Ne te fais pas trop d'illusions, c'est tout noir, je crois qu'il n'y a personne.*»

J'attends, pendant des jours qui me paraissent des semaines.

« *Vous êtes Béatrice ?*» À l'autre bout du fil, la voix de Dark Vador.

Marcel a survécu à un cancer des cordes vocales, à un triple pontage cardiaque, à toutes sortes de chagrins, mais il est bien vivant et je reconnais tout de suite en lui, même au téléphone, la force vitale qui anime ma mère. Cette ironie légère propre à effacer les côtés obscurs de la vie. Marcel me révèle qu'il n'a plus entendu parler de maman depuis plus de soixante ans et qu'il a souffert de ce froid, incompréhensible pour lui. Il est très ému.

«*Je vous ai connue dans vos langes*», s'amuse-t-il ensuite, car sa propre mère m'a gardée quelques semaines, avant que ma grand-mère ne prenne le relais. Tous les matins, mon père m'emmenait emmaillotée à Robinson, chez Marianna. Puis Pierre et Liliane ont littéralement disparu.

Marcel lui, appelé en Algérie, vit l'horreur dans les gorges de Palestro et dans la région de Tizi Ouzou, en Kabylie, avec ses camarades, «*des pauvres gars qui n'avaient rien demandé et qui sont morts pour rien*». Cette guerre absurde, dit-il, est la pire période de son existence. Il a écrit à ma mère, mais elle ne lui a pas répondu.

À Paris, pendant ce temps, Pierre se dresse la nuit sur son séant, hagard et couvert de sueur, en criant : «*Les fellaghas !*» Il n'a qu'une terreur, être appelé à son tour, mais il est déjà père de famille, salarié le jour et étudiant en cours du soir aux Arts et Métiers. Il y échappe. Un copain de chambrée lui avait écrit, en 1951, de Blida, ville de garnison à moins de cinquante kilomètres d'Alger, où il était bidasse : «*Salut Pierrot, ce pays d'Afrique est quelque chose pour toi; il y a des cinémas, des théâtres, des dancings et des bars.*» Et un «*bordelle*» (*sic*) qui s'appelle la Patte de Chat où «*tu peut nikée une femme après l'autre, une passe coûte 250 Fr*» (re-*sic*). Même ça, Pierre n'en veut pas.

Après une année de cauchemar éveillé, Marcel revient à Paris et retravaille, dans le même quartier que Lili, rue de Rivoli, à dix minutes à pied des Halles. Il ne lui en veut pas de ne pas avoir répondu à la lettre de Tizi Ouzou et lui propose de déjeuner. Elle ne donne pas suite. Elle a visiblement coupé les ponts alors qu'ils étaient comme frère et sœur. Elle est née le 29 août et lui le 8 octobre 1932 – un mois et dix jours d'écart. «*J'ai cru comprendre qu'il y avait eu barrage*», avance-t-il prudemment.

C'est encore une fois ma tante qui me donne la clé, en glissant que Pierre éprouvait envers Marcel une jalousie sans fond, dans tous les sens du terme – profonde comme un puits incurable et dénuée de raison. Je ne vois pas d'autre explication au silence de ma mère. Pierre était capable de lui interdire de voir un homme, fût-il un très proche ami d'enfance. Et elle de l'accepter.

Mes parents n'ont pas été invités aux cent ans de Marianna, en 1992, et ma mère en a conçu, paraît-il, une grande peine. Pas une petite vexation sociale, non. Elle a consommé le chagrin d'avoir rompu avec son passé.

Au récit de Marcel, Montbrieux, la maison de campagne de mon enfance, prend soudain un autre relief. Les Masi ont trouvé cette grande bâtisse et l'ont achetée avec les Falcini en 1933. Ils l'ont occupée ensemble et ne l'ont divisée que seize ans plus tard. Assunta fait la cuisine et Marianna le jardin. Ma grand-mère avait horreur de toucher la terre avec ses mains (elle tressait à toute allure de jolis chapeaux en paille colorée) et se baisser lui faisait «*tourner la tête*».

Les six enfants, trois dans chaque famille, passent toutes leurs vacances ensemble, ils jouent des tours aux lavandières de la fontaine au Camus, y compris Lili, la farceuse en chef. Dans cette bande, ma mère a longtemps été la seule fille. Cela ne la dérangeait pas d'être la reine.

Nous n'avons pas épuisé ses souvenirs, mais Marcel en vient assez vite au vif du sujet : il veut voir Liliane. Je l'espérais – je ne le lui aurais pas proposé de moi-même –, mais je juge bon de le prévenir de toutes les difficultés. « *Je me suis occupé pendant trente-sept ans d'une association pour handicapés. Je pense que je saurai quoi faire. Et je veux voir Liliane* », rétorque-t-il. Sa fille aînée, m'expliquera-t-il plus tard, est restée handicapée après une naissance difficile.

Rendez-vous est pris pour le samedi 20 janvier 2018.

Marcel n'est pas très grand, il a un regard malicieux, que je ne remarque pas tout d'abord. Il porte une veste bordeaux et un pull violet, sous son pardessus. Nous sommes presque à l'aise. Maman a raison, c'est quelqu'un de la famille, même si nous ne l'avons jamais vu. Il a l'air grave, un peu tendu. Pendant le trajet en voiture avec Nathalie, nous continuons à dévider la pelote du temps, légèrement fiévreux. « *Tout est remonté à une vitesse... Je n'ai pas dormi pendant deux nuits* », nous confie Marcel.

Nous attendons, sur des fauteuils en face de l'ascenseur, que maman soit prête. Quand elle sort de sa chambre, avec une aide-soignante, parée d'un joli rouge à lèvres, nous nous levons et je fais les « présentations ». Le visage de ma mère s'éclaire, elle embrasse Marcel, prend ses bras, et s'écrie : « *Comme tu es beau !* » Elle a des fous rires, se penche sur son épaule, rit à nouveau, l'embrasse. Quand il lui parle de Montbrieux, elle s'écrie « *Oh oui !* » et se penche encore, euphorique.

Lorsque nous rejoignons un petit salon pour les visiteurs, nous croisons un groupe de personnes âgées et maman, au bras de Marcel, a un petit geste de la main, comme pour chasser une vision importune : « *Tu vois, ça c'est des vieux.* » Une dame s'offusque : « *On en est tous là !* » Mais Lili s'en fiche, aujourd'hui elle a dix-huit ans et les joues roses de plaisir.

Elle écoute la voix sépulcrale de Marcel raconter leur vie, elle boit ses paroles, opine, rit à certains souvenirs. Se rappelle-t-elle vraiment qu'il l'emmenait, ce jumeau et chaperon – il jure qu'il ne s'est jamais rien passé – danser le samedi soir ? « *J'ai toujours été sérieux. Je veillais sur toi.* » « *Ah bon, parce que moi je ne l'étais pas ?* » Et nous éclatons tous de rire. « *C'est émotr... émotr... oh zut, c'est émotif pour moi, voilà, c'est émotif, c'est vivant* », dit-elle.

Elle veut que leurs deux fauteuils se rapprochent, l'avoir là et lui tenir la main. « *Ta maman, Assunta, me donnait le sein, parce que tu ne lui prenais pas tout. Je suis ton frère de lait. Authentique* », raconte encore Marcel, l'index en l'air. Je vois les yeux de Lili s'écarquiller. Elle ne lâche pas sa main. « *Je suis fière, je suis contente, oh là là là. Qu'est-ce que c'est bon. Il y a des filles qui ne savent pas quoi faire, ni rien, mais je leur dis, je sais pas, moi, prends ton trois-saisons, quatre-saisons.* » Qu'est-ce que c'est, Lili, un trois-saisons, quatre-saisons ? « *Eh bien c'est ça !* »

Voilà, nous sommes épuisés tous les quatre. Maman reprend un peu de vigueur lorsque nous partons. « *Oh qu'est-ce que tu es drôle mon chéri ! Reste encore un peu...* », lui dit-elle. Marcel promet de revenir.

Sport de combat

Pierre disparu, Lili s'est mise à grossir de façon surprenante. À occuper un espace en expansion, même en déménageant dans une chambre plus petite. Nous n'avons d'abord rien remarqué, tout occupés à surveiller son moral. Un soir, restée avec elle jusqu'à l'heure du coucher, je venais de l'aider à se brosser les dents, j'ai vu arriver une aide-soignante avec des chocolats. « *Mais elle aime tellement ça, ça lui fait plaisir !* » Elle lui en apportait tous les soirs, au lit.

Ce n'est évidemment pas la seule raison, mais en deux ans, Lili a pris dix-sept kilos.

Nous avions écrit au médecin, inquiets pour sa santé, car elle marchait de plus en plus mal et cherchait son souffle, mais il ne s'est rien passé. Nous lui avions demandé ses résultats d'analyse. Pas disponibles : « *Votre mère n'a pas voulu faire sa prise de sang.* » Coupable, lève-toi ! Tu n'as pas voulu faire ta prise de sang ! Tu égares tes affaires ! Tu manges trop ! Par chance, l'infirmière en chef avait une explication toute prête... « *Votre mère vole de la nourriture dans la chambre des autres pensionnaires.* »

Lors de ses déambulations nocturnes, qui ont à peu près cessé avec les somnifères, maman était entrée dans la chambre d'une dame handicapée en train de lire et s'était saisie de l'ouvrage, dont elle lui avait assené quelques coups sur la tête, en protestant qu'il s'agissait du sien. Puis elle avait mangé tous ses chocolats.

Nous nous étions vivement excusés auprès de ses fils qui avaient porté plainte au commissariat, mais contre X, ce qui nous avait beaucoup soulagés. Bien sûr, maman n'était pas responsable de ses actes, mais elle aurait aimé que nous le fassions. Nous aurions dû aussi apporter à cette dame des fleurs et une boîte de chocolats, comme mon frère l'avait proposé. J'ai regretté de ne pas l'avoir fait, en sus de la lettre d'excuses.

Mais, là, devant l'infirmière en chef, entendre dire que ma mère vole... La connotation morale du mot, la responsabilité active qu'elle jette sur une personne entièrement dépendante me paraissent insupportables.

Puisque nous en étions à ce chapitre, nous avons indiqué ce qui avait été volé à nos parents à l'Ehpad : tous leurs vêtements de valeur, des bijoux que ma mère n'avait jamais quittés et jusqu'à son alliance, portée jour et nuit depuis janvier 1955. Je pense qu'il a fallu du savon pour la retirer de son doigt. C'était peut-être une grande naïveté de penser que nous pouvions lui laisser ces bijoux ou ces vêtements qui faisaient partie d'elle, cadeaux pour la plupart de son mari et de ses enfants.

Et ces vols-là, avait-on une idée de qui les avait commis ? L'enquête avançait ? «*L'étau se resserre*», avait répondu l'infirmière en chef, mal à l'aise. Elle nous a suggéré de porter plainte. Puisque aucun secours ne nous venait de l'Ehpad, nous nous sommes lancés dans une chasse au trésor dans les albums de photos. Nous y avons retrouvé chaque objet volé. Quand mon frère est allé au commissariat, en possession de ces preuves, la plainte n'a pu être enregistrée : seule ma sœur, tutrice légale, était habilitée à le faire et devait s'y rendre en personne. Nous avons laissé tomber et nous avons perdu cette manche.

Maman n'a plus rien qui mériterait d'être volé.

Ma sœur et moi lui avons acheté des vêtements de plus en plus grands et de moins en moins chers – peu susceptibles d'être dérobés. Ce nouveau vestiaire n'est pas si vilain et surtout bien plus adapté. Une manche remportée.

Enfin presque. Nathalie a apporté un lot de vêtements neufs à l'Ehpad à la mi-octobre 2017. Fin novembre, ils n'étaient toujours pas revenus du marquage. Mais elle a trouvé dans le panier de linge sale un pantalon de notre père, mort depuis bientôt deux ans, et un de maman en 42, une taille qu'elle ne pouvait plus enfiler depuis longtemps.

Le départ de la directrice, celui de l'infirmière en chef et celui du médecin, pour des raisons inconnues, ont amélioré la situation, sans nous éviter des dialogues absurdes avec leurs remplaçants.

«*Nous avions signalé la prise de poids excessive de notre*

mère. Pourquoi lui donner des jus de fruits ultra-sucrés, du cake au beurre, des préparations protéinées ?

— Votre mère avait maigri. (?!)

— *Elle ne pourrait pas avoir des fruits pour le goûter, par exemple ?*

— *Elle ne les mangerait pas.*

— *Mais chez nous, elle se précipite dessus...*

— *Ce ne sont pas les mêmes fruits et c'est chez ses enfants. Si elle doit avoir un régime spécial, ce ne peut être que sur prescription médicale.* »

Je suis sûre des bons soins que son aide-soignante Choukri et certaines de ses collègues prodiguent à maman. Mais elles ne sont pas là trois cent soixante-cinq jours par an – heureusement pour elles.

Dès que nous emmenions Lili chez nous, nous constations le saignement systématique de ses gencives et une hygiène buccale qui laissait beaucoup à désirer. Nous sommes certaines, ma sœur et moi, qu'elle ne se lave pas les dents matin et soir. Elle est bien incapable de se le rappeler et de le faire seule.

Nous apprenons qu'il faut demander expressément la visite du dentiste, attaché à l'établissement, si nous voulons un examen de contrôle. Il vient, puis téléphone à ma sœur : « *Votre mère a une hygiène bucco-dentaire parfaite !* »

Nous cherchons donc une nouvelle parade : utiliser la « dame de compagnie » qui emmène maman se promener dans le quartier deux fois par semaine – une suggestion bienvenue du nouveau médecin coordinateur de l'Ehpad – pour cette visite indispensable chez un dentiste. Pour le reste, nous avons consulté un gériatre à l'hôpital, jeune et compétent. Il était impossible de trouver en ville un médecin qui puisse se déplacer.

En revanche, un dimanche 8 mai, jour doublement férié, une médecin-expert est venue jusque dans la chambre de notre mère, dépêchée par une compagnie d'assurances pour s'assurer qu'elle était bien atteinte d'Alzheimer avant de verser la rente qu'elle lui devait. J'ai perdu le compte du nombre de tests qu'elle a déjà passés : à l'hôpital, chez le généraliste, pour les organismes de retraite, d'assurance, les mutuelles...

Nous sommes assis tous les trois sur le lit de Lili et nous la regardons subir cet examen – elle est déjà en GIR 1, le dernier degré de dépendance. «*Écrivez quelque chose sur ce morceau de papier. N'importe quoi, ce que vous voulez*», lui demande enfin la médecin. Maman se saisit du stylo et écrit de manière parfaite : «*Je suis heureuse d'être avec mes enfants.*» L'experte nous tend le papier et nous sourions tous.

Ces quelques mots tracés d'une main sûre me confirment, au passage, l'importance des stimuli affectifs sur une personne atteinte de troubles neurologiques, même aussi prononcés.

Cette séance n'était pas si stressante pour elle, enfin je le crois, peut-être parce que nous étions là, mais était-elle vraiment nécessaire? Fallait-il passer du temps, un jour férié, à faire cela?

La vente de l'appartement nous permet d'améliorer les conditions de vie de Lili, de ne pas la laisser enfermée comme tant de malades d'Alzheimer qui souffrent de cette claustration. Mais combien d'entre eux peuvent s'offrir les services d'une « dame de compagnie », alors qu'aller dehors, respirer à l'air libre, marcher quand on le peut encore sont des nécessités quasi vitales ?

Le gazon synthétique sur le balcon de notre mère sert de toilettes aux pigeons. Il n'est plus d'un vert criard mais tapissé de déjections et de duvet accroché dans ses brins. Les plantes sont renversées et couvertes d'excréments. Ce n'est qu'en envoyant une photo de ce balcon à la direction de l'établissement que nous avons – enfin – obtenu son nettoyage. Victoire !

Les maisons de retraite médicalisées sont très lucratives pour les promoteurs privés. Les fonds d'investissement les chérissent, les actionnaires les révèrent : des marges de plus de 15 %, des dividendes en constante augmentation[1]. L'Ehpad est le sport de combat d'une société capitaliste vieillissante. Il ne suffit pas de payer, il faut sans cesse exercer sa vigilance, sans en avoir les moyens ni le temps. D'une certaine façon, nous n'étions pas armés.

---

1. *Le Monde* du 6 décembre 2017, « Les maisons de retraite privées, un business rentable », par Isabelle Rey-Lefebvre.

Le blues

Depuis que j'ai entrepris ce récit, des proches me rapportent régulièrement des anecdotes qui illustrent la peur de la maladie ou tout simplement de la vieillesse – et parfois les deux : « *C'est épouvantable de vieillir, toutes mes amies ont Eisenhower !* » s'exclame telle belle-mère. « *Vieillir, c'est comme être punie pour une faute qu'on n'a pas commise* », assure une riche Anglaise à l'une de mes amies.

La maladie, la vieillesse et ses conséquences suffiraient à expliquer en partie le blues du troisième âge. Il faut peut-être y ajouter des carences hormonales, ou du moins physiologiques, que sais-je ? C'est plus compliqué que cela, mais il est vrai que les troubles thymiques (les dérèglements incontrôlés de l'humeur) sont très fréquents dans les maladies neurodégénératives et probablement expliqués par la dégradation neuronale elle-même.

La revue de psychiatrie *L'Encéphale* fournit cette précision intéressante à propos de la dépression qui s'empare des personnes âgées : « *Dépression est alors entendu dans le sens de "désespoir existentiel" et non celui de "maladie dépressive" : sont amalgamés l'éprouvé du tragique de l'existence et une condition pathologique*[1]. »

L'éprouvé du tragique de l'existence, je sais ce que cela signifiait pour mon père, je l'ai vu se laisser mourir. « *Un lent glissement existentiel où le goût de vivre se tarit* », m'explique à mots choisis un psychiatre. Pour ma mère, le grand oubli d'Alzheimer et l'anosognosie qui l'accompagne ne la dispensent pas de ressentir des coups de cafard affreux. Ils nous laissent d'autant plus démunis que son caractère enjoué ne nous y a pas préparés.

Les plus sévères surviennent depuis qu'elle est veuve, alors que le départ de son mari l'avait aussi, d'une certaine façon, libérée. Ces accès de neurasthénie ne sont pas comparables à ce qu'elle exprimait à Aix, alors en bonne santé mentale, où un sentiment de solitude et l'absence de coups de fil de ses enfants pendant plus de quinze jours la rendaient chagrine.

La première fois que la dame de compagnie est venue rendre visite à Lili, je lui ai demandé de me la passer au téléphone, comme nous en étions convenues toutes les deux. Elle n'allait pas fort, voix lugubre et dépressive. « *Pourquoi tu viens quand je ne suis pas là ?* [...] *C'est dur une vague d'ennui.* [...] *Attends, je suis dans un endroit où ils crient les repas.* [...] *Tu sais où je suis moi ? On se rapproche de la fin. Je vais m'en aller. Je suis toute seule à côté de ma brouette.* »

---

1. « Dépression et personnes âgées », article de T. Gallarda et H. Lôo, 2009.

Je suis totalement désemparée à l'autre bout du fil. Je fournis des réponses banales et un réconfort médiocre à quelqu'un qui éprouve une angoisse profonde. Nous nous sommes souvent sentis impuissants face à la maladie mais rarement à ce point, pour moi.

Son interrogation confuse ne correspond à aucune situation réelle. «*Pourquoi tu viens quand je ne suis pas là ?*» Et pourtant je comprends si bien ce qu'elle veut dire. Je perçois pleinement son désarroi. C'est la première fois que je l'entends parler d'une fin prochaine.

Fort heureusement cela ne s'est pas reproduit et s'il arrive qu'elle se sente déprimée, la manifestation en est généralement moins noire que ce jour-là.

«*J'en ai marre d'aller au travail. À mon âge ce n'est pas normal. J'ai vécu ma vie à l'envers, la tête dans le sable et les pieds en l'air*», me dit-elle en juin 2016, cinq mois après la disparition de mon père.

Maman, tu as arrêté de travailler il y a déjà vingt-quatre ans et tout va presque bien. Nous nous accommodons de ce «presque» qui paraît déjà inespéré.

Mais toi ?

Une reine divertie

Dans les rues de San Piero a Ponti, en Toscane, les enfants se prêtaient à des concours de cris organisés par le coiffeur, pendant les vacances. Lili gagnait souvent. Cette puissance vocale est devenue chant, chorale, musique.

Ma mère ne sait pas le solfège mais elle a de l'oreille et une jolie voix, toujours jeune. Elle faisait partie d'une chorale, quand elle vivait à Paris. S'il m'arrive aujourd'hui de chantonner (faux) en préparant le déjeuner, je l'entends s'exclamer, derrière moi : «*Madame, si vous voulez chanter, il faut prendre des cours de chant!*»

Nous l'emmenons le plus souvent possible assister aux concerts de ma belle-sœur, alto dans un chœur classique, et une fois à celui d'une de nos filles dans une chorale de gospel. J'ai toujours un peu peur, je l'avoue, que Lili se mette à fredonner pendant un spectacle, ou qu'elle ne fasse des remarques à voix haute. Mais cela ne s'est pas produit. Elle me demande le programme et semble le lire (j'en doute un peu). Puis elle en fait un petit rouleau, comme elle se met à plier, méticuleusement, tous les papiers qui passent à sa portée, avant de les repasser avec ses mains. Quoi qu'il en soit, elle écoute. Je ne sais pas jusqu'à quand elle y trouvera du plaisir – elle me chuchote parfois : « *C'est beau !* »

Je l'observe un après-midi au coin du feu, envoûtée par la voix de Natalie Dessay qui chante *Lakmé* de Léo Delibes, diffusé sur Radio Suisse Classique. Son visage exprime le ravissement, bien qu'elle ait les yeux fermés. Je sais que ces instants lui procurent de la sérénité. Elle m'a dit une fois au téléphone : « *Je ne peux pas éteindre la télé. Ce serait super si je pouvais.* » Une fille lui avait mis un programme de télé-achat, à plein volume, dans sa chambre à l'Ehpad. Pour acheter quoi ?

La fête commence dès que nous venons la chercher pour une belle échappée. Dans l'espace clos de la voiture, elle n'éprouve aucun sentiment d'enfermement tant elle est enchantée de sortir de sa grotte. Elle commente presque tout ce qu'elle voit alors qu'il devient de plus en plus difficile d'engager la conversation, à mesure que la maladie progresse.

« *J'adore vous voir, ça me donne une sensation de liberté. Je vais sortir, je me sens capable de sortir. Je suis bien, je vais bien, je suis heureuse.* »

« *Je suis contente d'habiter dans cette région. J'aurais pu ne pas aimer, tu te rends compte ? Ça fait campagne et en même temps...* »

« *C'est quand même bien fait, la France...* »

« *C'est quoi, cette grosse matière verte ?* » (Un autobus qui nous frôle.)

«*J'ai demandé aux enfants si le cadre était toujours dans le... le... dans la... Oh là là je ne trouve pas!*» Elle rit.

Lili est particulièrement enchantée si les expositions où nous l'emmenons ont trait à l'Italie. «Sérénissime!» montrait une série de peintures des fêtes à Venise au XVIIIe siècle, au musée Cognac-Jay, dédié à cette époque. Dans ce lieu du Marais aux proportions intimistes, elle se sentait tout à fait à l'aise pour admirer les détails d'une *veduta* du Grand Canal ou un délicat portrait de femme masquée. Elle ne lit plus, elle ne joue plus au Scrabble avec ses amies, elle ne va plus à la mer, ni à la montagne, elle ne monte plus à bicyclette et ne peut pas quitter sa résidence beaucoup plus de trois jours. Au moins, elle apprécie encore la musique et la peinture.

Il lui arrive même de jouer la blasée... En allant à l'Orangerie, un samedi, pour découvrir la collection d'un industriel et mécène japonais, maman confie à Flore, au téléphone : «*Ah, ma chérie. Tu sais que j'ai déjà tout vu ici!*» Les seules œuvres qui retiennent son attention sont les portraits d'enfants. En particulier ce tableau charmant de Renoir, *Gabrielle et Jean*, où le fils du peintre joue avec la servante bien-aimée de la maison. «*Regarde, regarde comme c'est joli ce petit!*»

Et puis elle s'assied devant la *Grande Baigneuse* de Picasso, cette femme monumentale aux allures de statue, posée sur une chaise, dont le tissu drapé a la raideur du marbre. «*Une Junon aux yeux de vache dont les grosses mains cassées retiennent un linge de pierre* », aurait dit Cocteau.

Elle est nue, avec deux petits seins asymétriques, et regarde dans le vide.

Je ne sais pas à quoi pense Lili.

Ici-bas

Ce n'est pas si loin, ici-bas. Une heure quarante d'un train miteux, où les accoudoirs des fauteuils laissent voir l'os. Paris-Lisieux. Il y a bien longtemps que ma mère ne prend plus le train. La dernière fois, c'était avec mon père pour venir à Paris en TGV. Elle errait en pantoufles et en manteau, à 5 heures du matin sur le parking de la résidence, avec sa valise, m'avaient raconté les voisins.

En voiture, c'est plus long, deux heures trente, mais Lili les supporte encore. Et elle se réjouit toujours de venir chez nous.

« *Oh ma chérie, ma chérie, je vais passer une bonne journée, j'étais en attente.* »

« *Oh que c'est plaisir ! Oui viens, emmène-moi avec toi. Oh chouette ! Il faut que j'achète... ? que je vous prépare le repas... ? À demain ma chérie, à demain ! Ah je vais me coucher en chantant quelque chose !* »

«*Attends, attends, je n'ai pas noté l'adresse !*»

La maison est une ancienne demeure de curé, traversée de lumière. On pourrait dire, de rayons divins. Mais pour cela, il faudrait croire. C'est pourquoi je dis «ici-bas». Il y règne une paix miraculeuse. Un silence sacré, quand on le souhaite. Même les mécréants comme moi le sentent. Lili ne se rappelle pas du tout que je me suis mariée ici avec Marc, en 1982. La mairie, l'église, le presbytère forment un triangle isocèle, piqué dans la campagne vallonnée. Elle n'a aucun souvenir, de rien. Pas même que son mari était ici, un an, deux ans auparavant, et qu'ils étaient rentrés en ambulance.

«*Dans cette maison, il y a beaucoup d'histoires, ça se sent*», décrète-t-elle. «*De bonnes histoires.*» Elle l'identifie petit à petit, même lorsque nous ne sommes pas sur place et que nous nous parlons au téléphone. «*C'est beau, on dirait que c'est vraiment fin. Tu comprends ce que je veux dire?*» Oui maman, je comprends très bien.

Ici-bas, mai 2016

«*Tu veux boire quelque chose? du thé?*

— Ah non, ça fait sérieux du thé! J'aime mieux être dans le flou... De la légèreté, de la légèreté!»

Elle porte un pull vert amande qui lui va bien, elle danse en roulant des épaules pour passer d'une pièce à l'autre, en chantant. Elle regarde le chat dans le jardin et raconte des trucs impossibles à transcrire. À cette époque, il faut encore la surveiller à chaque instant. Nous imaginons des échafaudages complexes, à base de fauteuils disposés en travers du couloir pour l'empêcher de descendre l'escalier. Elle déambule encore la nuit.

Je lui propose mes baskets pour aller faire une promenade : « *C'est quoi ça ? C'est au moins du 41 !* » Elle a l'air offusquée, mais elle les porte, trottine avec et file comme l'éclair. Nous passons devant une haie fleurie, dans la campagne. Elle nomme les fleurs « *des potirons* ».

Le soir, elle est un peu fatiguée, elle cherche ses mots.

« *J'ai la tête qui tourne et la parole qui s'en va.* »

Cette expression, c'est tout elle.

Ici-bas, juillet 2016

Les champignons rôtissent avec de l'ail, il est tard et le déjeuner n'est pas encore prêt. J'ai faim. « *Ça a l'air tellement bon, ça me fait saliver.* » Lili n'a pas perdu toute notion du temps, ni son ironie, puisqu'elle me lance : « *C'est peut-être plutôt l'horaire, non ?* »

Il pleut, comme souvent ici-bas. Marc cuit la viande sur le barbecue qu'il a mis à l'abri, sous le tilleul. Il est très grand, le feuillage cache son visage et ses épaules. Maman l'observe par la fenêtre. « *Ce n'est pas la tête qu'on supprime. C'est important la tête ! On peut supprimer les pieds, c'est con les pieds. Mais pas la tête.* »

Est-ce sa façon de dire qu'elle ne peut plus compter sur la sienne ?

Ici-bas, août 2016

Marc éternue bruyamment, comme son père le faisait, une manie familiale. Maman remarque, les yeux ronds : « *J'ai volé de cinq centimètres ! J'ai volé comme ça.* » Elle plaque ses bras le long du corps et hausse les épaules.

En partant, le dimanche, elle nous livre une grande déclaration :

« *Si jamais un jour je vous dis que je ne veux plus venir, ce sera...* (elle indique non, d'un geste de la main), *ce sera... dans le mauvais sens.*

— *Contraire à ta volonté ?*

— *Oui c'est ça, contraire à ma volonté.* »

Ici-bas, Noël 2016

Au réveil du premier matin, alors qu'elle n'a encore passé qu'une nuit chez nous : « *C'était bien, ces vacances, j'ai adoré.* » Et au petit-déjeuner : « *Moi, je veux rester ici.* »

Mais elle fait aussi cette remarque empreinte de mélancolie, après deux ou trois jours : « *Je trouve qu'il fait froid depuis très longtemps.* »

En partant, elle est un peu triste, nous étions nombreux, en compagnie de personnes qu'elle ne connaissait pas, comme les compagnons ou compagnes de ses petits-enfants, et j'étais fatiguée. Au-delà de quelques personnes, elle perd pied. Au moment de rentrer à l'Ehpad avec ma sœur, elle nous dit :

«*Je vous ai encombrés.*» Nous nous récrions et nous la serrons fort dans nos bras.

Février 2017

Je viens la voir et lui annonce que dans trois jours nous irons à la campagne. «*Oh là là, ça passe vite ça! Chouette chouette chouette!*» Dans les minutes qui suivent, elle aura oublié. Mais son allégresse revient à chaque mention de ce prochain séjour. Au moins, elle a la constance des sentiments... Cette vie sans filtre et sans mémoire doit être extraordinairement difficile dans les familles qui ne s'entendent pas. Je me dis souvent que j'ai de la chance avec Lili.

Ici-bas, mars 2017

Nous lui organisons une couchette improvisée dans le canapé du salon, au rez-de-chaussée, car la montée des escaliers devient une ascension pleine de difficultés. Elle doit procéder par paliers, reprendre son souffle, s'accrocher à la rampe. La voici emmitouflée dans une couette pour sa sieste, comme dans un cocon. «*Maman, ils m'ont enfermée dans une armoire!*» Elle en rit à perdre haleine. Une minute plus tard, elle dort.

Maintenant, le soir, c'est moi qui la borde. Elle prend une petite pilule qui lui procure un sommeil plus profond et lui évite les déambulations nocturnes.

Lili n'a jamais pris de médicaments de sa vie – sauf du Levothyrox contre le dérèglement de sa thyroïde, après le passage du nuage de Tchernobyl – et la chimie agit maintenant sur elle avec une efficacité incroyable, qu'il s'agisse du somnifère ou de l'antidépresseur.

Elle est sur le point de sombrer, au chaud dans son lit : « *Oh ma fille que j'aime. Vous êtes gentilles mes filles, vous êtes douces. Oui, vous êtes d'un amour doux. Oh comme je vous aime.* » Cet amour qui vient du plus profond n'a pas de prix. Je pense parfois à nos disputes, quand j'étais adolescente, à ces moments où je lui en voulais tellement de ne pas me protéger de la dureté de mon père. C'est si loin. Après toutes ces années et le grand effacement d'Alzheimer, je me rends compte à quel point elle m'aimait déjà.

Ici-bas, août 2017

Lili se plaint rarement, mais pendant le déjeuner elle tente de nous expliquer une activité à l'Ehpad : « *On fait... du... du... moka. On a une espèce de bouillie. Le ménage n'est pas fait et personne ne rouspète ! C'est possible que je ne comprenne pas. Rien du tout. Mais enfin, ça m'étonne...* » Je ne suis pas trop inquiète, d'autant qu'après quelques jours au-dehors, elle exprime toujours la volonté de rentrer. Jamais le mot de maison de retraite, et encore moins d'Ehpad, qu'elle ne comprendrait pas, n'est prononcé. Nous disons « *Chez toi* »,

«*Dans ta résidence*» et elle agit de même. «*Il faut que je rentre chez moi.*»

À la fin du week-end, je l'habille dans sa chambre et elle me glisse : «*Qu'est-ce que c'était bien ! Tu crois qu'on nous réinvitera ?*» Quelque chose me dit que oui.

Ici-bas, Noël 2017

Beaucoup d'enfants très jeunes, certains babillent encore, quelle félicité pour Lili !

Je n'ai jamais remarqué à ce point combien elle touche les objets, les manipule, les porte parfois à sa bouche, comme un bébé qui découvre le monde. Ses yeux ne lui disent plus tout, ils ne transmettent plus au bon endroit de son cerveau, leur nom et leur fonction, ou bien cet endroit est mort. Elle a besoin de s'assurer de la réalité avec ses mains. La connaissance et la reconnaissance des choses s'altèrent avec la maladie.

Elle fouille, elle ouvre tout, comme dévorée de curiosité, les tiroirs, les sacs de patates, les tubes de crème. Elle aime par-dessus tout saisir des sacs en papier qui servent à allumer le feu, près de la cheminée, et les défroisser soigneusement. Je ne peux m'empêcher d'imaginer qu'elle tente d'aplanir le chaos qui est en elle et de mettre de l'ordre, elle qui tenait si bien sa maison.

Au petit matin du 26 décembre, elle me fait une peur bleue rétrospective. Elle a descendu toute seule l'escalier, pieds nus – nous ne dressons plus aucune barrière – et ouvert le congélateur dans lequel elle farfouille à petits gestes brefs comme le ferait un moineau avec son bec. C'est ma belle-fille qui l'a trouvée en allant préparer un biberon matinal pour son fils. Moi qui la pensais incapable d'affronter seule cet escalier...

Au moment du départ, elle confie : « *Je crois que je vais essayer de m'acheter un petit peu de temps pour rester dans cette maison.* »

Passe le temps

Quatre-vingt-trois ans

Demain, c'est l'anniversaire de Lili. On ira chez Nathalie, à Verrières, son jardin est agréable au mois d'août. Il fera chaud, on dînera dehors. Trois réjouissances au menu : l'annoncer à maman, l'accompagner dans cette fête, lui reraconter. Nous devenons sa mémoire vive, elle qui ne sait plus fabriquer de souvenirs. Nous l'appelons pour la prévenir, Flore et moi.

« *Qu'est-ce que je suis maligne de fêter mon anniversaire comme ça ! Ça tombe bien parce qu'avec Pierre on avait décidé de ne pas aller travailler.* »

À l'autre bout du fil, nous rions et par contagion, elle aussi. « *C'est le* wishful thinking *porté à son firmament. Elle peut régner sur le monde maintenant, il n'y a pas de problème* », constate Flore en raccrochant.

Le lendemain, Lili découvre ses cadeaux avec des mimiques de surprise, des oh, des ah, des coups d'œil vers son public, toute une commedia dell'arte dont je dirais, si elle n'était pas malade, qu'elle la maîtrise à la perfection. Nous savourons ses commentaires et je crois qu'elle le sait. «*Ça sent bon. C'est sérieux*», dit-elle d'un air pénétré après avoir ouvert la bouteille d'eau de Cologne. Nous ne lui offrons plus de parfums de prix, on les lui vole. Elle se délecte de sa coupe de champagne et déclame, fort à propos, deux vers de Ronsard puisés dans une mémoire ancienne.

« *Vivez, si m'en croyez, n'attendez à demain :*
Cueillez dès aujourd'hui les roses de la vie. »

Nous sommes au théâtre. Quand la nuit est tombée, nous allumons une grande lanterne de papier qui s'élève lentement dans le ciel étoilé. Nous la regardons s'éloigner longtemps, longtemps, jusqu'à n'être qu'un petit point lumineux. Je voudrais que la lumière de ma mère dure un temps infini.

Quatre-vingt-quatre ans

Cette fois, nous sommes dans notre maison de Normandie. Côté sud, il y a un perron et nous nous tenons là, enlacées dans la lumière transparente du matin. Maman fait les demandes et les réponses.

« *Tu veux rester Lili ? Oh oui !*»

Et elle éclate de rire, enchantée de ces deux personnages qu'elle incarne.

Peu après, elle s'accroche de la main droite à la balustrade qui menace ruine, comme une danseuse le ferait à la barre, esquissant à gauche un geste gracieux du bras et du poignet. Elle se tient le nez en l'air pour empêcher ses lunettes de soleil de glisser. Je ne me demande plus pourquoi j'étais un pitre, enfant.

Le dimanche soir, nous repartons tous les trois en voiture. « *Oh que c'était bien, mes chéris* », soupire-t-elle.

Quatre-vingt-dix ans

Carlo, le frère aîné de Lili, est devenu le patriarche. Il fête ses quatre-vingt-dix ans en janvier 2017, à Paris, où il habite depuis toujours, avec sa femme. Leurs enfants, petits-enfants sont là, venus du Sud ou de l'Ouest, et même le mari d'Hélène, René, arrivé de Suisse. C'est la première fois que la majorité des quelque vingt-cinq convives revoit maman depuis l'annonce de sa maladie et la disparition de sa sœur. Quelques-uns ne la connaissent pas.

La plupart des gens ne savent pas comment se comporter avec des malades d'Alzheimer, y compris dans leur propre famille. Cette gêne, cette peur, cette tristesse. Une amie de maman était sortie en larmes d'une visite à l'Ehpad, elle n'a pas pu revenir. Maman ne l'avait pas reconnue, mais à l'énoncé de son prénom, elle s'était écriée, devant elle : « *Oh, j'avais une amie qui s'appelait E. et je l'aimais beaucoup.* » Au moins était-elle sûre d'avoir été aimée. On ne peut que présumer que l'on sera dérouté, car il n'y a pas de carte, pas de plan, pas de boussole et rien ne se passe jamais comme prévu.

Lili vit dans son monde. Nous avons pris le parti de la suivre dans ce voyage aventureux. Par chance, elle garde en elle quelque chose de juvénile, de fantaisiste. Et elle semble heureuse en notre compagnie.

Ce soir-là, elle pivote doucement de gauche à droite dans un fauteuil, un verre à la main. Nous devons partir au restaurant et l'apéritif s'éternise. «*Si on n'y va pas maintenant, je fais un discours sur moi!*» s'écrie mon cousin Philippe. «*Tu as bien raison. J'aurais fait exactement la même chose!*» lance maman en riant. Parfois, elle a l'air si intégrée dans le monde des bien-portants que cette apparence même de normalité devient, pour nous, le plus déconcertant. Quelles connexions se mettent en place dans ces moments où Alzheimer semble disparaître, sans réussir à se faire oublier? Lili dit qu'elle est bien, qu'elle est contente. C'est merveilleux et fragile.

Nous marchons d'un bon pas pour rejoindre le restaurant et ma sœur s'inquiète pour elle : «*Ne force pas trop quand même, tu n'as pas l'habitude.*» Aussitôt, maman rectifie : «*Je n'ai* plus *l'habitude.*» Nos regards se croisent au-dessus d'elle, stupéfaits et ravis. Au dîner, je coupe les aliments dans son assiette, elle mange de bon appétit mais ne reconnaît pas grand monde. Même Carlo, que l'on fête dans la bonne humeur générale. «*Maman, c'est ton frère!*» Elle paraît un instant étonnée et rugit. «*Mon frère, RRRRRRR.*»

Soixante et un ans

Marc est allé la chercher et je l'accueille en Normandie.

«*Bonjour Mamita Lili chérie, c'est mon anniversaire aujourd'hui! Et tu sais quel âge j'ai? Soixante et un ans.*

— *Soixante et un ?! Qu'est-ce qu'il vient faire là ce petit con de "un" ?»*

Nous passons deux jours délicieux.

Quatre-vingt-cinq ans

Appartenir à une famille de femmes nées en août donne l'avantage de célébrer l'été plus que le temps qui passe. Nous sommes réunis à Fauguernon pour les quatre-vingt-cinq ans de maman et nous partons, à une douzaine, chasser les mûres. Mais je vois bien, cette année, qu'elle a vieilli. Elle marche à tout petits pas, ses kilos la gênent, ses jambes tremblent au moindre effort. Nous transportons partout une chaise sur laquelle nous l'installons, la tête à l'ombre d'un chapeau, tandis que la troupe s'abat, avec prudence, sur les ronces. Elle nous regarde et sourit, mais ne participe ni à la cueillette des fruits ni à la confection des confitures.

Une année, au milieu des Sixties, il y avait eu tant de fraises à Montbrieux que nous en mangions chaque jour, fraîches, en tartes, en confitures. Les guêpes tournoyaient dans la maison, le carrelage de la cuisine n'était même plus frais sous les pieds. Le matin, Gino prenait entre ses genoux le moulin à café au petit dôme bleu et tournait, tournait, la manivelle. L'été sentait bon. Tu t'en souviens, maman ?

Elle n'a pas voulu entendre parler de ces « quatre-vingt-cinq ans ». « *Non, non, c'est trop, ce n'est pas...* » avec un geste de dénégation de la main. Sur le gâteau, plus de bougies-chiffres, mais des bougies-lettres qui disent HAPPY BIRTHDAY.

En quittant la Normandie, elle a dit : « *C'était très bien. On n'a rien gâché.* » Nathalie est passée la prendre quinze jours plus tard pour déjeuner et elles m'ont appelée depuis la voiture. Lili : « *Une jeune fille est venue me chercher et je suis aussi jeune qu'elle. De toute façon, elle a l'âge que je veux !* » Le temps n'existe plus et c'est bien fait.

L'amoureuse

Bagatelle. Elle aime ce parc du bois de Boulogne, où une petite folie, née d'un pari entre Marie-Antoinette et le comte d'Artois, veille sur des milliers de roses. Nous y sommes allés plusieurs fois – c'est à quelques minutes de son Ehpad en voiture –, dont une avec nos filles. Avant de partir, maman nous a tenu une théorie sur les hommes, trois mois seulement après la disparition du sien, qu'elle n'a pas encore intériorisée : « *Oh Pierre, qu'est-ce que je l'aime !* » nous dit-elle.

Il arrive qu'elle l'attende encore devant leur chambre, au quatrième étage, alors qu'elle a déménagé au troisième. Les aides-soignantes ou les infirmières la raccompagnent en douceur. Sa période de grande tristesse, de crises de nerfs, de révolte quand elle comprenait l'inéluctable, est cependant passée, accompagnée en finesse par la psychologue de l'Ehpad. Devant nous, elle n'a jamais parlé de la disparition de Pierre. Une seule fois, j'ai évoqué sa mort et elle a dit : « *Oh mon Dieu, je m'en doutais.* »

Lili est printanière et jolie, de très bonne humeur. «*Écoute les conseils d'une vieille femme. Les hommes, si tu les gardes, comme ils s'améliorent, à la fin tu es gagnante.*» Je ne peux pourtant m'empêcher de constater qu'elle a l'air beaucoup plus heureuse avec la pensée de mon père qu'en présence de l'ombre qu'il était devenu.

Elle prend des nouvelles des filles : «*Alors, c'est bientôt fini l'école?*» «*Oui Lili, ça fait quatre ans!*», rigolent-elles et nous partons vers la verdure. Ma mère est en verve, comme délivrée d'un poids. Nous, nous sommes encore sous le choc de tous ces deuils et du double Alzheimer qui a chamboulé notre existence.

En chemin, elle gourmande Éléonore et Flore qui critiquent «*une pouf avec 2 000 euros de fringues sur le dos*». «*Poufiasse, moi je ne l'emploie jamais*», objecte-t-elle. Je me félicite *in petto* qu'elle ait fait le lien entre le mot et son abréviation – et qu'elle se soucie du vocabulaire de ses petites-filles, elle qui en manque déjà. D'une certaine façon, elle revit.

Cette histoire de fringues me rappelle la séance d'emplettes de Lili avec Éléonore, à Aix, dont ma fille m'a fait le récit.

C'est un samedi et il règne, comme dans tous les Zara du monde, une ambiance chaotique de fièvre acheteuse et de vêtements maltraités. Lili suit sa petite-fille, qui mesure quinze centimètres de plus qu'elle, le regard un peu perdu, dépassée par l'atmosphère bordélique, mais très vite, elle profite de l'instant et, comme tout le monde, fait du shopping.

Sauf qu'au lieu de regarder des vêtements qui pourraient lui convenir, elle se dirige tout droit vers ce qu'une bimbo confirmée convoiterait : elle roucoule d'admiration devant des hauts minuscules à froufrous qui cachent à peine les seins, des jupes archi-courtes, des vêtements très sexy, très moulants et importables pour la majorité des femmes, qu'elle malaxe directement sur les portants.

«*Ça va être compliqué à porter, ça, ma Lili!*» s'amuse Éléonore, feignant le premier degré. Elle a bien vu que les yeux de sa grand-mère brillaient de plaisir, comme si sa maladie faisait faire des tours de piste à sa personnalité. Des facettes certes révolues, mais constitutives d'elle-même, ou de ses désirs du passé.

Dans les allées de Bagatelle, elle a plusieurs fous rires qui la plient en deux. Et lorsqu'elle croise un quadragénaire absorbé par la musique de ses écouteurs, elle l'interpelle sans vergogne. «*Bonjour monsieur!*» «*Des fois qu'il me demanderait mon adresse... mais je t'en fiche, rien*», remarque-t-elle lorsque nous l'avons dépassé. Chez elle, la désinhibition due à la maladie, le syndrome frontal, se traduit souvent ainsi. Elle complimente mon mari : «*C'est à toi ces boucles Marcolino?*», «*Oh j'adore ta voix*» et ne cesse de vouloir le toucher. Elle drague gentiment les hommes qui passent et même ceux de sa famille. Cela pourrait être pire.

Lili a eu une sorte de flirt, dans sa résidence, dont mon frère s'est aperçu en venant la chercher, après la mort de Pierre. Il en a été profondément choqué. J'y vois avant tout la preuve qu'elle ne veut pas se laisser happer par la mort.

Un été, il y a bien longtemps, elle m'a assuré : «*Je n'ai jamais eu de chagrin d'amour.*» Lili est un peu menteuse, je le sais, mais c'est peut-être vrai. Jamais elle n'a paru souffrir d'une tromperie de mon père qui se voyait pourtant comme le nez au milieu de la figure. Il était l'homme de sa vie et les ombres de sa personnalité n'ont finalement terni ni son optimisme ni sa gaieté. Les voilà qui resurgissent frais comme la jeunesse.

Mère et filles

Le brouillage des générations a si bien opéré, depuis qu'Aloïs Alzheimer vit avec nous, qu'il m'arrive de commettre un lapsus en téléphonant à l'Ehpad : « *Bonjour, je suis la mère de Mme Choux...* »

J'imagine que je ne suis pas la seule fille qui finit par se prendre pour la mère de sa mère. Depuis qu'elle est malade, Lili pense la plupart du temps que nos rôles sont inversés et il en va de même envers ma sœur. Il est vrai qu'elle requiert autant de soins et d'attention qu'un enfant. Il n'est pas rare qu'elle se jette dans nos bras en s'exclamant : « *Oh que c'est bon d'avoir une maman !* », la tête enfouie dans le cou de l'une ou de l'autre.

Bien sûr, nous ne la contredisons pas lors de ces instants de tendresse partagée qui lui font oublier son âge, sa condition, sa maladie.

Pour rectifier l'erreur, il faut que le moment s'y prête, que nous ayons l'intuition de ne pas créer de perturbation inutile, ou, encore mieux, la certitude de la faire rire. C'est une affaire de quelques dixièmes de seconde qui advient de manière inconsciente maintenant. Dans ces jeux de rôle, de reconnaissances incertaines, de brouillages identitaires, tout doit rester gai.

Alors que Nathalie donne une douche à Lili, celle-ci s'écrie : « *Qu'est-ce que tu me fais penser à ma fille ! — Tu sais quoi ? C'est un peu normal, je SUIS ta fille !* » Maman rit à gorge déployée.

Je crois que parfois, elle nous teste, qu'elle cherche une lueur de certitude en comprenant qu'elle est égarée. Nous sommes en Normandie en juin 2016. Elle porte un gilet blanc qui m'appartient et picore ses tartines du petit-déjeuner, quand soudain elle relève la tête et nous regarde alternativement par en dessous, Marc et moi : « *Je suis votre fille, hein ?* »

J'ai entendu un jour sur France Inter le neurologue Bernard Croisile, auteur de *Tout sur la mémoire* (Odile Jacob, 2009), dire que la mémoire construit notre identité. C'est peut-être une banalité pour la médecine, mais cela m'a paru si vrai pour maman : elle est une autre dans cette maladie de l'oubli. Ou plutôt toutes les Lili en même temps, sans distinction chronologique, tour à tour enfant, femme séductrice, adolescente, vieille sage... et fille de ses filles. Elle peut aussi redevenir une très jeune mère, dans un prodigieux bond en arrière, et me porter, comme un bébé africain : « *Je te mets sur mon dos, là, sur mon épaule, j'aime bien te sentir là.* »

C'est la vie rêvée de Lili, dans le désordre. En quittant Fauguernon après Noël, elle m'a dit : « *Oh que c'est bon la vie comme ça. N'importe comment.* » Je suppose qu'elle voulait dire sans repas à heures fixes et sans contraintes.

Elle n'a aucune notion de son âge. Alors qu'elle me voit prendre ses protections (un genre de couches géantes) dans le placard pour les mettre dans une valise, Lili observe :

« *C'est marrant, je n'ai plus de sang du tout moi, tu vois...*

— *Maman, à quatre-vingt-quatre ans, c'est assez normal !*

— *Oui, mais je pourrais...* »

Ah mais bien sûr. Dans l'univers merveilleux de ma mère, tout peut arriver, y compris la ménopause des octogénaires.

Elle me regarde aller et venir dans sa chambre pour terminer son sac et juge : « *Sei una raggazina* » (une petite jeune fille). Moi non plus je n'ai plus d'âge, chic !

« *Je passe aux toilettes, tu m'attends ?*

— *Non, non. On n'a qu'à se retrouver à Opéra !* »

Son air moqueur m'enchante et sa petite blague aussi. Alzheimer n'a pas tari la source de l'humour dans son esprit. Pourvu qu'il ne la trouve jamais.

Elle reste coquette et j'y vois une forme de logique. Lili a été coiffée par une des prestataires, prévenantes et serviables, de la société d'esthétique (coiffure, manucure) qui passe une fois par semaine à la maison de retraite. Lorsque nous prenons l'ascenseur, elle se regarde dans la glace et penche la tête : « *Regarde la forêt que j'ai là-haut, c'est joli !* » Beaucoup plus intéressant que : « Je suis bien coiffée. »

Si les mots « cheveux », « chevelure », « coiffure », ne sont plus disponibles dans son stock, elle va puiser ailleurs, dans un labyrinthe d'images qui évoque un tableau du Douanier Rousseau. Plus coloré et plus beau que la réalité. Je ne sais pas si la poésie et l'invention constantes dont elle fait preuve sont inhérentes à la maladie, si d'autres patients réagissent de la même façon... Quand elle ne trouve rien, elle rit. Mais si un mot lui vient pour un autre, elle le dit avec tant d'aisance et de naturel qu'il semble parfaitement à sa place. «*Je suis bien, j'ai mon bonnet, le hoquet, normal quoi, tu vois...*», me dit-elle au téléphone, un matin de juin 2017.

Au moment où elle a commencé à avoir des difficultés pour marcher, quelques mois à peine après la mort de Pierre, Nathalie avait trouvé un excellent stimulant pour freiner ce déclin moral et physique. «*Arrête de marcher comme une vieille!*» Aussitôt, piquée au vif, elle redressait les épaules et reprenait le pas énergique que nous lui avions toujours connu. La moquerie affectueuse n'a duré qu'un temps, évidemment, dès que son effet a cessé. Elle se tient toujours assez droite, mais marche à tout petits pas. Peu à peu la prudence l'a gagnée et même une certaine peur, devant la hauteur d'un trottoir, le bruit des moteurs dans la rue, le flot de voitures au feu vert.

Elle garde sa fierté, comme sa mère, Assunta, qui ne se plaignait jamais. Quand Nathalie lui prend le bras pour la réassurer dans ses pas précautionneux, Lili commente avec un brin de dédain : « *Tout le monde tombe. C'est d'un commun!*» Ah c'est sûr, tu n'es pas très commune, Lili. C'est en mars, quatre mois après la chute de Pierre et deux mois après sa disparition.

Son moral est bon, elle a dit à ma sœur :

«*Je suis bien, je n'ai pas de mauvais soupirs qui se baladent.*

— *Tu es belle, maman.*

— *Merci ma chérie, je me suis bien reposée, tu sais, comme on a un château dans le pays rouge, et on a changé le poisson, on a supprimé la... la... la...* »

On ne saura jamais quoi, il n'y a pas de château, ni de poisson rouge, encore moins de pays de cette couleur, puisqu'elle ne va qu'en Normandie, mais elle se sent bien et c'est ce qui compte. Parfois, je peux compléter sa phrase, je devine ce qu'elle cherche, ou je tâtonne avec elle. Comme on aiderait un enfant à qui les mots manquent et qui a tant de choses à raconter.

Mars 2017, au téléphone, tôt le matin...

« *Tu es encore dans ton lit ?*

— *Je ne suis pas dans mon lit, je suis* sur *mon lit. Je suis toute... toute... malléole.*

— *Toute molle ?* (Je ris.)

— *Ah non, pas toute molle, je suis rigide. Et toi tu as un haut ?*

— *Je suis en pyjama, ma Lili.*

— *Oh là là mais tu es en retard ! Tu peux passer la... la... la...* (Elle rit.)

— *La vitesse supérieure ?*

— *Oui, c'est ça, la vitesse supérieure.* »

J'ai remarqué que son ouïe la guide mieux que ses yeux. Elle me reconnaît plus vite au téléphone qu'en me voyant arriver. *De visu*, elle peut dire : « *Qui est cette dame ?* » Même si elle se love contre moi dès que j'ai précisé en riant : « *Mais maman, je suis ta fille !* » Au bout du fil, à peine quelques mots sont-ils prononcés qu'elle s'exclame : « *Ah, ma Béa !* »

J'aime ces conversations un peu décousues entre nous, où elle se montre extrêmement affectueuse. Je l'appelle généralement le matin, lorsque je suis sûre de la trouver dans sa chambre, où le petit-déjeuner est servi.

Juin 2016

« *Oh que c'est joli de pouvoir parler à son enfant adoré, ma fille, ma fillette, mon amour. C'est à moi, à moi, à moi.* »

Septembre 2016

« *Ma fille, ma fille, je te couvre de bisous, prends-les, garde-les bien sur toi, c'est tout léger.*

— *Moi aussi maman.*

— *Oui, je les sens, ils sont sur moi.* »

Août 2017

« *Tu as un joli rire. Et en plus tu ne me réduis pas mon... mon... mon ombre.* »

Septembre 2017

« *Tu as pris ton petit-déjeuner ?*

— *Oui et j'ai mangé… j'ai mangé… ma Béa ! Hohohohoho !* (Elle rit tellement.) *Mais non mon amour enlevons ça ! J'enlève ce roman, non, c'est pas bien, ça. Viens donc ! Je voudrais être avec toi, ce serait plus intelligent.* »

Je comprends parfois, au cours d'une conversation erratique, qu'elle ne pense pas être ma mère, ni ma fille d'ailleurs. Je le lui rappelle :

« *Mais tu es ma maman.* »

Et je reçois cette réponse :

« *Oh oui, avec plaisir, avec plaisir, je t'aime tellement !* » Elle rit.

Ma mère veut bien être ma mère, cela lui fait même plaisir, et elle m'aime. Il faut prendre tous les bonheurs qui passent.

L'art de la joie

Samedi 30 septembre 2017, à l'Ehpad, vers 8 heures. C'est Choukri qui est là, comme souvent le week-end, pour donner sa douche à Lili. Quelle chance. L'aide-soignante remarque une quasi-paralysie du bras gauche de maman et alerte tout de suite une infirmière. Elle la sèche, l'habille, en dépit de ce bras qu'elle ne peut pas plier, et s'énerve d'avoir encore à convaincre qu'il se passe quelque chose d'anormal. Elle la connaît par cœur, elle sait. Il est 9 h 15.

Maman est en train de faire un AVC.

Une ambulance l'emmène à l'hôpital Foch, où elle passe une IRM à 12 h 35. Mon frère et ma sœur sont très vite sur place et je voudrais pouvoir voler. Je suis en Normandie, grise d'inquiétude.

Lili est en moins bon état qu'en avril 2015 lors de son premier AVC (son deuxième, en réalité). Elle n'avait «rien d'autre» qu'Alzheimer et une hypothyroïdie.

Elle souffre maintenant d'hypertension artérielle, d'insuffisance respiratoire et de dyslipidémie, c'est-à-dire une quantité anormale de graisses dans l'organisme, sous forme de cholestérol et de triglycérides – qui augmentent les risques d'AVC.

Pour l'heure, ce n'est pas son régime alimentaire qui nous barbouille le cœur. Ce sont les conséquences possibles de ce qu'il lui est arrivé. Quelles séquelles sur la parole ? La motricité ? Voire pire...

Elle a été prise en charge dans l'unité de soins intensifs neuro-vasculaire de Foch. Son état n'est pas brillant. Hémiparésie (paralysie légère, d'un côté) « aux trois étages », la face, le membre supérieur, le membre inférieur. Extinction sensitive et visuelle. Nausées et vomissements de bile.

Nous passons une très mauvaise nuit.

Elle ne pouvait pas mieux tomber que dans ce service et dans cet hôpital. Des professionnels de haute volée, compétents, sûrs, efficaces. Dès que je peux joindre une infirmière, le lendemain matin, j'apprends que, de son côté, la nuit a été calme. Son état est stationnaire. Elle rentre à l'Ehpad le jour même, un dimanche. J'avoue trouver ce retour rapide, mais il est sans danger pour elle, à condition qu'elle se repose et récupère sereinement. Le compte rendu d'hospitalisation nous est transmis, ainsi qu'à l'équipe médicale de la maison de retraite.

Je peux lui téléphoner en tout début d'après-midi, dans sa chambre. Ce qu'il y a de bien, avec Alzheimer, c'est qu'elle ne se souvient de rien. Ou du moins rien de désagréable. C'est elle qui me rassure.

« *Ça va bien, ne t'inquiète pas !*

— *Tu n'as mal nulle part ?*

— *Mais non. Je suis fatiguée, c'est tout. Ma bibiche, pourquoi avoir peur avec sa maman ? Et puis j'ai le droit de prendre un peu l'air quand même !*

— *Tu as bien dormi à l'hôpital ?*

— *Super, super, super.* »

Elle a la voix un peu pâteuse, une élocution plus lente, mais c'est bien elle. Elle est allée prendre l'air donc, en ambulance, le moyen tout à fait naturel pour une petite promenade, et elle a très bien dormi à l'hôpital.

J'éprouve tout de même un choc en la voyant sur FaceTime quelques heures plus tard, avec mon frère et ma sœur. Son visage est enflé et un peu jaune. Elle est en hypothermie mais avec une joue très chaude, leur a expliqué l'infirmière. Sa bouche est légèrement tordue lorsqu'elle parle. En revanche, son esprit semble fonctionner comme à l'accoutumée. Lorsque je lui demande comment elle se sent, elle répond d'une voix lasse mais sans hésiter : « *Comme je t'ai dit.* » J'arrête avec mes questions idiotes !

Lorsqu'elle est revenue de l'hôpital, il était quasiment l'heure du déjeuner. On l'a donc directement fourguée dans le réfectoire, au sortir de l'ambulance. Choukri l'a trouvée là, emmenée dans sa chambre et mise au lit. Maman ne tenait pas debout. Elle lui a apporté une légère collation. Bref, ce qu'aurait fait toute personne sensée.

Mon frère, arrivé le premier, a rencontré dans la chambre une aide-soignante qui levait maman sans ménagement – « *Allez, allez, allez* » – et la bousculait psychologiquement. « *Faut pas qu'elle dorme trop !* »

Il l'a fichue dehors, en y mettant les formes. Nous avons de nouveau écrit à la direction. La différence, désormais, est que l'on nous répond, correctement. Mais nous sommes fatigués, nous aussi, d'avoir à nous plaindre d'un manque de discernement aussi élémentaire.

Choukri a sauvé la vie de Lili. Najla a adouci les derniers mois de mes parents à Aix. Je sais la difficulté physique de leur travail, tous les jours, et ce qu'il faut endurer parfois, moralement, avec des personnes nées dans les années 1930. On n'en parle pas trop de ça, dans les Ehpad. Le peu de tolérance à l'autre, le racisme latent, l'habitude d'être servi, la méfiance des vieux. Notre père était persuadé que des objets disparaissaient de chez eux, à Aix, des choses dérisoires, qui n'avaient pas bougé de leur place.

On m'a raconté la gêne de ce psychiatre, dont la mère atteinte d'Alzheimer vit dans une maison de retraite médicalisée : « *Regarde comme je suis bien, entourée de toutes ces boniches !* » lui a-t-elle lancé au milieu des aides-soignantes. Sans filtre. Il s'est excusé discrètement mais elles ont éludé, avec un mélange d'intelligence et de fatalisme : « *On est habituées, c'est comme ça toute la journée. Elle a surtout dit qu'elle était bien.* » Et cette nonagénaire, issue de la bourgeoisie argentée, qui reçoit la représentante d'une société de services pour recruter une aide-soignante à domicile : « *Vous n'allez pas me mettre n'importe quoi, n'est-ce pas ? Pas une femme voilée surtout...* »

Maman a récupéré complètement son élocution et continue à nous régaler de ses saillies drolatiques ou poétiques, à distribuer sa tendresse.

Cet épisode nous a révélé une autre information : nous allons maintenant vivre, aussi, en compagnie de Damoclès et de son épée retenue par un crin de cheval du tyran. L'infarctus cérébral lacunaire (c'est-à-dire petit et de siège profond) dont Lili a été victime peut se reproduire à tout moment. Il s'agit d'une maladie des petites artères, liée à l'hypertension.

Elle souffre aussi d'une «*angiopathie amyloïde primitive sévère*» décelée par les médecins de Foch. Cette maladie se caractérise par des dépôts protéiques anormaux sur la paroi des vaisseaux cérébraux. Elle est plus fréquente chez les patients atteints d'Alzheimer que parmi la population âgée en général. Elle provoque exactement les mêmes troubles cognitifs, et des AVC à répétition.

Il est donc probable qu'elle souffre de trois pathologies différentes : une maladie d'Alzheimer associée à une angiopathie amyloïde, aggravée par les lésions de microangiopathie. Rien de tout cela ne peut aller en s'améliorant, pour employer un euphémisme.

J'avoue ne pas y penser tous les jours.

J'essaye de pratiquer ce que m'a mère m'a réappris en devenant une autre et tellement elle-même : l'art de la joie.

Remerciements

En sortant de la librairie Kléber, à Strasbourg, un jour de mars 2015 où nous venions de débattre de notre sujet favori, les Chirac, mon éditeur, Jean-Luc Barré, me proposa d'écrire ce que je ne cessais de lui raconter : l'Alzheimer de mes parents, tombés malades en même temps, deux ans auparavant. Cette histoire me paraissait trop intime pour être publiée, mais il me conseilla néanmoins de prendre des notes.

Je souhaite le remercier d'avoir insisté, sans en avoir l'air, pour que cette suggestion bienveillante devienne un livre – et de l'avoir édité. Ce n'était pas une évidence, mais chemin faisant ce récit est devenu une étape importante de ma vie. Partager cette expérience en atténue la douleur, comme le savent tant de familles confrontées à cette maladie de l'oubli.

Je remercie de tout cœur ma fille Flore Gurrey, mon éditrice personnelle en cette affaire. Patiente, fine, réconfortante, judicieuse, elle m'a infiniment aidée.

Merci à mon mari, Marc Gurrey, pour son soutien constant, à mes enfants et à tous ceux, famille proche ou amis, telle Natalie Pinta, qui ont pris le temps de me parler. Je voudrais souligner combien le concours de Nicolas Mélé, neurologue et chef de clinique à Sainte-Anne, m'a été précieux.

Merci enfin à tous ceux qui sont restés de fidèles visiteurs de mes parents, comme Michel et Colette Florentz, afin que s'allège leur peine.

Table

La photocomposition de cet ouvrage
a été réalisée par
GRAPHIC HAINAUT
30, rue Pierre Mathieu
59410 Anzin

Cet ouvrage a été achevé d'imprimer en avril 2018
dans les ateliers de Normandie Roto Impression s.a.s.
61250 Lonrai
N° d'édition : 55791/01 – N° d'impression : 1801211
Dépôt légal : avril 2018

Imprimé en France